AutoCAD
Projetos em 2D e recursos adicionais

Dados Internacionais de Catalogação na Publicação (CIP)
(Simone M. P. Vieira – CRB 8ª/4771)

Severino, Daniel de Morais
　　AutoCAD : projetos em 2D e recursos adicionais / Daniel de Morais Severino. – São Paulo : Editora Senac São Paulo, 2022. – (Série Informática)

　　ISBN 978-85-396-3468-2 (impresso/2022)
　　e-ISBN 978-85-396-3469-9 (ePub/2022)
　　e-ISBN 978-85-396-3470-5 (PDF/2022)

　　1. AutoCAD (arquivo de computador)　2. Computação gráfica　3. 2D (computação gráfica)　I. Título.　II. Série

22-1582t　　　　　　　　　　　　　　　　　CDD – 006.68
　　　　　　　　　　　　　　　　BISAC COM084000
　　　　　　　　　　　　　　　　　　　　COM012000

Índice para catálogo sistemático:

1. AutoCAD : Computação gráfica : Programas　006.68

AutoCAD
Projetos em 2D e recursos adicionais

Daniel de Morais Severino

Editora Senac São Paulo – São Paulo – 2022

ADMINISTRAÇÃO REGIONAL DO SENAC NO ESTADO DE SÃO PAULO
Presidente do Conselho Regional: Abram Szajman
Diretor do Departamento Regional: Luiz Francisco de A. Salgado
Superintendente Universitário e de Desenvolvimento: Luiz Carlos Dourado

EDITORA SENAC SÃO PAULO
Conselho Editorial: Luiz Francisco de A. Salgado
　　　　　　　　　　Luiz Carlos Dourado
　　　　　　　　　　Darcio Sayad Maia
　　　　　　　　　　Lucila Mara Sbrana Sciotti
　　　　　　　　　　Luís Américo Tousi Botelho

Gerente/Publisher: Luís Américo Tousi Botelho
Coordenação Editorial/Prospecção: Dolores Crisci Manzano
　　　　　　　　　　　　　　　　　Ricardo Diana
Administrativo: grupoedsadministrativo@sp.senac.br
Comercial: comercial@editorasenacsp.com.br

Edição de Texto: Vanessa Rodrigues
Preparação de Texto: Camilla Medeiros
Revisão de Texto: Bianca Rocha
Projeto Gráfico e Capa: Antonio Carlos De Angelis
Imagem de Capa: AdobeStock
Editoração Eletrônica: Manuela Ribeiro
Impressão e Acabamento: Gráfica CS

Nenhuma parte desta publicação poderá ser reproduzida, guardada pelo sistema "retrieval" ou transmitida de qualquer modo ou por qualquer outro meio, seja este eletrônico, mecânico, de fotocópia, de gravação, ou outros, sem prévia autorização, por escrito, da Editora Senac São Paulo.

Todos os direitos desta edição reservados à
Editora Senac São Paulo
Rua 24 de Maio, 208 – 3º andar – Centro – CEP 01041-000
Caixa Postal 1120 – CEP 01032-970 – São Paulo – SP
Tel. (11) 2187-4450 – Fax (11) 2187-4486
E-mail: editora@sp.senac.br
Home page: http://www.livrariasenac.com.br

© Editora Senac São Paulo, 2022

Sumário

Apresentação ... 9
    O que é a Série Informática ... 11
    Equipamento necessário ... 11

1   Conhecendo o programa ... 15
    Interface inicial do AutoCAD ... 17
    Extensão *.dwg ... 18
    Interface de trabalho do AutoCAD ... 20
    Sistema *Save, Save As, Open, Close* ... 22
    Acesso aos comandos pelo menu *Ribbon* ... 29
    Linha de comando ... 32
    Atalhos de teclado ... 32
    Visualização do desenho bidimensional ... 36
    Formato do cursor do mouse ... 40

2   Sistemas de coordenadas ... 43
    Coordenadas absolutas ... 45
    Coordenadas relativas ... 48
    Coordenadas polares ... 50

3   Criação de objetos – ferramentas de precisão ... 55
    Ferramenta *Osnap (Object Snap)* ... 57
    Ferramenta *Autosnap (Object Snap Tracking)* ... 64
    Ferramenta *Polar Tracking* ... 66
    Ferramenta *Dynmode* ... 69

4   Comandos para a criação de objetos ... 75
    Comando *Line* ... 77
    Comando *Polyline* ... 79
    Comando *Spline* ... 81
    Comando *Revision Cloud* ... 84
    Comando *Hatch* ... 85

5 Comandos de figuras geométricas planas — 91
- Comando *Circle* — 93
- Comando *Arc* — 96
- Comando *Rectangle* — 103
- Comando *Polygon* — 106
- Comando *Ellipse* — 108

6 Comandos de edição — 113
- Seleção de objetos — 115
- Comando *Copy* — 117
- Comando *Move* — 120
- Comando *Trim* — 122
- Comando *Extend* — 124
- Comando *Offset* — 125
- Comando *Fillet* — 127
- Comando *Chamfer* — 130
- Comando *Erase* — 134
- Comando *Explode* — 134
- Comando *Array* — 135

7 Informações no projeto – textos — 139
- Configurando estilo de texto — 141
- Criação de texto – *Multiline Text* — 144
- Comando *Text Edit* (*TEDIT*) — 148

8 Informações no projeto – cotas — 151
- Configurando estilo de cota – *Dimension Style Manager* — 153
- Configurando estilo de cota – criando novo padrão — 156
- Cotas lineares – *Linear* — 167
- Cotas de raio – *Radius* — 169
- Cotas de diâmetro – *Diameter* — 171
- Cotas angulares – *Angle* — 172
- Cotas alinhadas – *Aligned* — 174
- Cotas *Multileader* — 177

9	Comandos de configuração e customização	181
	Comando *Layers*	183
10	Blocos	193
	Criação de blocos no projeto	195
	Inserção de blocos no projeto	197
11	Comandos de edição avançados	203
	Comando *Arc Aligned*	205
	Comando *Super Hatch*	206
	Comando *Break-line Symbol*	207
12	Comandos de inserção	211
	Imagem externa para AutoCAD	213
	Comando *OLE Object*	215
	Comando *XRef* – vínculo entre arquivos AutoCAD	219
	Comando *XRef* – edição de arquivos externos	223
	Comando *XRef* – remoção, localização e substituição de caminho dos arquivos externos	224
	Comando *XRef* – exclusão de arquivos externos	224
13	Comandos de tabelas	227
	Comando *Table* – criação de tabelas	229
	Comando *Table* – criação de tabelas no AutoCAD a partir do Excel	232
14	Desenho isométrico	237
	Conceitos de planos isométricos (*Top*, *Left* e *Right*)	239
	Habilitando a opção de desenhos isométricos	239
	Configurando planos de desenhos isométricos	241
	Desenhando linhas isométricas	242
	Criação de elipses isométricas	243
15	Impressão do desenho	247
	Configuração da folha e layout de impressão	249
	Configuração de visualização do *Viewport*	251
	Criação de novas janelas de *Viewport*	253
	Ajuste de escala de *Viewport* – escala de impressão	255
	Criando novo padrão de layout de impressão	257

	Impressão de desenhos – campo de trabalho *Layout*	263
	Impressão de desenhos – campo de trabalho *Model*	265
	Salvando arquivo na nuvem – sistema A360	271
16	Criação de template	281
	Salvando um arquivo *.dwt	283

Sobre o autor	287
Índice geral	289

Apresentação

O que é a Série Informática

A Série Informática foi desenvolvida para que você aprenda sozinho. Neste volume, você vai estudar o AutoCAD, software largamente utilizado na área de projetos.

O livro foi estruturado com base em atividades que lhe permitem estudar passo a passo, e seu conteúdo tem como base os comandos necessários para a aprovação nas provas de Certificação Autodesk.

Recomendamos que você acesse o link http://www.editorasenacsp.com.br/informatica/autocad2022_2D/atividades.zip e baixe o conteúdo em seu computador, tablet ou smartphone. Ao longo da leitura, você será informado para consultar alguma atividade ou algum tema presente nesse conteúdo que foi baixado.

Equipamento necessário

O AutoCAD é um software CAD destinado à criação de geometrias 2D e formas 3D e necessita de um sistema de hardware compatível com as exigências de sua fabricante, a Autodesk.

Windows

- Sistema operacional: Microsoft Windows 8.1 ou Windows 10.
- Tipo de sistema: sistema operacional de 64 bits.
- Processador: o software é compatível com múltiplos processadores.
  - Configuração básica: de 2,5 GHz a 2,9 GHz.
  - Configuração recomendada: processador com mais de 3 GHz.
- Memória RAM:
  - Configuração básica: 8 GB.
  - Configuração recomendada: 16 GB.
- Resolução da tela:
  - Telas convencionais: 1.920 × 1.080 com True Color.
  - Telas de alta resolução e 4K: resoluções de até 3.840 × 2.160 compatíveis com sistemas Windows 10, sistema operacional de 64 bits (com placa de vídeo compatível).
- Placa de vídeo:
  - Básica: GPU de 1 GB com 29 GB/s de largura de banda, compatível com DirectX 11.
  - Recomendada: GPU de 4 GB com 106 GB/s de largura de banda, compatível com DirectX 11.

- Espaço em disco: 7 GB de espaço livre em disco para download e instalação.
- Rede: acesso à internet para verificação de login/senha de usuário e licenças oficiais Autodesk. Para sistemas operacionais baseados em servidores, o sistema de licenças poderá ser executado nas versões Windows Server 2012 R2, Windows Server 2016 e Windows Server 2019.
- Periféricos: mouse e teclado compatíveis com o sistema Windows.
- NET Framework: versão 4.8 ou posterior.

Sistema macOS

- Modelo: sistema operacional de 64 bits.
  - Básico: Apple Mac Pro 4.1, MacBook Pro 5.1, iMac 8.1, Mac mini 3.1, MacBook Air e MacBook 5.1.
  - Recomendado: Apple Mac compatíveis com Metal Graphics Engine. Os modelos Apple Mac com chip da série M são compatíveis no modo Rosetta 2.
- Tipo de CPU:
  - Básico: CPU Intel de 64 bits.
  - Recomendado: Intel Core i7 ou superior.
- Memória RAM:
  - Configuração básica: 4 GB.
  - Configuração recomendada: 8 GB.
- Resolução da tela:
  - Básico: monitor 1.280 × 800.
  - Alta resolução: 2.880 × 1.800 com display de retina.
- Espaço em disco: 3 GB de espaço livre em disco para download e instalação.
- Periféricos: mouse e teclado compatíveis com o sistema operacional, trackpad compatível com Apple, mouse compatível com Microsoft.
- Placa de vídeo:
  - Recomendada: placas gráficas Mac nativas instaladas.
- Formato de disco: APFS, APFS (Encrypted), Mac OS Extended (Journaled), Mac OS Extended (Journaled, Encrypted).

Requisitos adicionais para grandes conjuntos de dados, nuvens de pontos e modelagem 3D

- Memória RAM: 8 GB ou mais.
- Espaço em disco: 6 GB de espaço disponível em disco rígido, sem incluir os requisitos de instalação.
- Placa de vídeo: adaptador de vídeo 1.920 × 1.080 ou maior, com True Color de 128 MB VRAM ou superior, Pixel Shader 3.0 ou superior, placa gráfica de classe de estação de trabalho com capacidade para Direct3D.

Bons estudos!

1

Conhecendo o programa

OBJETIVOS

» Conhecer a interface inicial e a interface de trabalho do AutoCAD

» Conhecer os atalhos de teclado

» Ajustar a visualização do desenho bidimensional

» Aprender sobre os formatos e funcionalidades do cursor do mouse no AutoCAD

Interface inicial do AutoCAD

Ao iniciar o software AutoCAD, ele apresentará a tela inicial de *Start*, separada em dois grupos de funções: *Create* e *Learn*.

Interface Start Create

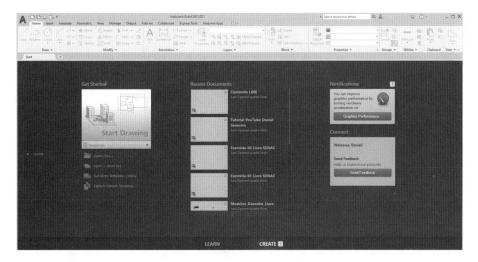

Na interface *Start Create*, encontramos as funções explicadas a seguir:

- **Get Started**: dentro deste grupo de ferramentas, podemos encontrar diversas ferramentas que auxiliam ao iniciarmos um novo desenho.

  - Botão *Start Drawing*: inicia um novo arquivo em branco com base na última configuração selecionada no software.

  - Cascata de opções *Templates*: permite selecionar um padrão de arquivo pré-configurado e iniciar um novo desenho.

  - *Open Files*: abre arquivos já existentes em seu sistema, nas extensões *.dwg, *.dws, *.dxf e *.dwf.

  - *Open a Sheet Set*: abre um conjunto de folhas existente em seu sistema. A extensão utilizada é *.dst.

  - *Get More Templates Online*: permite o acesso ao site oficial da Autodesk (https://knowledge.autodesk.com/), em que você pode baixar novos padrões de template.

> Caso a instalação do software tenha sofrido algum erro ou haja incompatibilidade na instalação dos templates-padrão, você pode buscá-los no site oficial da Autodesk.

- *Explore Sample Drawings*: permite abrir modelos de desenhos existentes na pasta de instalação do software.

- **Recent Documents**: a cascata de *Recent Documents* exibe todos os arquivos utilizados recentemente. Os itens são organizados por data, e o primeiro da lista é o mais recente.
- **Notifications**: permite verificar notificação de atualização e dicas de melhoria de desempenho, entre outros recursos.
- **Connect**: com uma conta oficial Autodesk, você pode fazer o login com usuário/senha e ter acesso a diversos recursos do A360.

Interface Start Learn

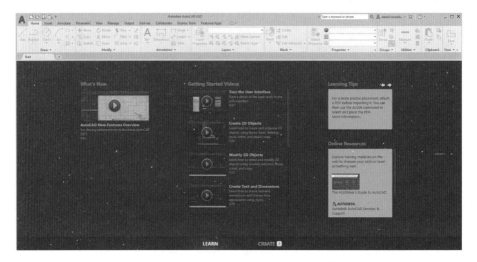

Na interface *Start Learn*, encontramos as funções apresentadas a seguir:

- **What's New**: exibe atualizações recentes aplicadas à versão mais atual do software. Junto há um vídeo tutorial explicando como utilizar corretamente o recurso.
- **Getting Started Videos**: neste campo, são apresentados diversos vídeos tutoriais de comandos, dos básicos aos avançados, para auxiliar o seu aprendizado.
- **Learning Tips**: apresenta dicas rápidas sobre o uso do AutoCAD.
- **Online Resources**: apresenta recursos on-line atualizados, como novos materiais de treinamento e acesso a suporte técnico, entre outros.

Extensão *.dwg

O AutoCAD utiliza, em seu sistema principal de abertura e edição de arquivos, a extensão *.dwg (que é uma abreviação da palavra inglesa "*drawing*").

Diferentemente de outros softwares CAD, a extensão *.dwg edita projetos nos módulos 2D e 3D diretamente no mesmo campo de trabalho, facilitando o seu dia a dia.

Modelo Arquivo
AutoCAD Drawing

Um projeto bem executado começa sempre com a escolha correta do template ou modelo inicial do arquivo *.dwg. Para isso, temos algumas formas de iniciar um novo desenho, explicadas a seguir.

*Escolhendo o arquivo template *.dwg – menu do aplicativo*

1. Selecione o menu do aplicativo (ícone do AutoCAD na parte superior esquerda da tela).
2. Na cascata de opções, selecione *New*. A janela *Select template* será mostrada com os padrões de instalação do AutoCAD.

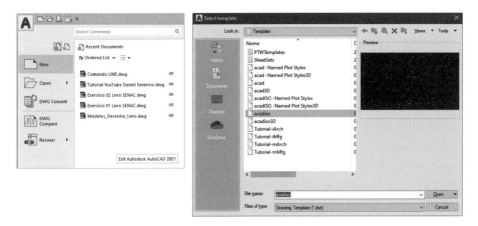

3. Selecione o padrão *acadiso*. Esse padrão ("AutoCAD ISO") é o mais utilizado para projetos 2D, pois suas configurações são baseadas nas normas do sistema ISO.
4. Para finalizar, clique no botão *Open*.

Dessa forma, o AutoCAD carregará a área de trabalho em que você poderá começar seus desenhos. Caso queira utilizar o atalho de teclado para ativar a função *Open*, mantenha pressionada a tecla *Ctrl* e pressione a tecla *N*.

*Escolhendo o arquivo template *.dwg* – Get Started

1. Na interface inicial e no grupo *Get Started*, selecione o botão *Start Drawing*. O AutoCAD abrirá um novo arquivo *.dwg para iniciar seu projeto, porém, vale ressaltar que o modelo será o mesmo utilizado na última vez em que abriu o software. Ou seja, poderá haver erros nos padrões e nas normas.

Conhecendo o programa – 19

2. Caso seja necessário alterar o padrão, selecione a cascata de opções abaixo do botão *Start Drawing* e clique no modelo desejado. Automaticamente, o AutoCAD abrirá um novo arquivo *.dwg para seu projeto. Na próxima vez em que utilizar o recurso *Start Drawing*, o AutoCAD vai utilizar o mesmo modelo selecionado nessa etapa.

*Escolhendo o arquivo template *.dwg – menu de acesso rápido*

1. No menu de acesso rápido, selecione o botão *New*. A janela *Select template* será mostrada com os padrões de instalação do AutoCAD.

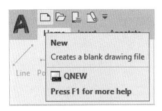

2. Selecione o padrão *acadiso*.
3. Para finalizar, clique no botão *Open*.

Interface de trabalho do AutoCAD

O AutoCAD apresenta uma interface de trabalho bem amigável e que permite a fácil localização das ferramentas, mas é de suma importância saber onde estão as principais delas, para que seu dia a dia seja mais prático.

A imagem seguinte mostra a localização de todos os grupos de ferramentas e suas principais funções.

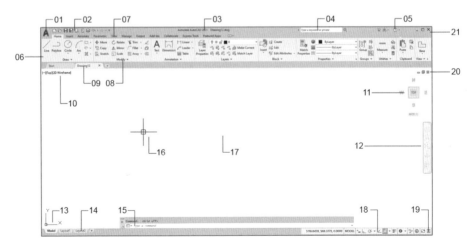

- **01 – menu do aplicativo:** com o menu do aplicativo, conseguimos acessar as ferramentas-padrão do sistema Windows – como *Open, Save, Save As* e *Print* –, além de ferramentas exclusivas do AutoCAD, que vão auxiliar na hora de exportar ou até salvar diretamente seu desenho na nuvem.

- **02 – menu de acesso rápido:** possui ferramentas de grande importância, como *Open, Save* e *Save As,* além de ferramentas do próprio AutoCAD. Tem a função de auxiliar na praticidade na hora de ativar tais recursos, deixando o processo mais rápido. Caso seja necessário, você pode customizar e trocar as ferramentas existentes por outras de sua preferência.

- **03 – barra de títulos (nome do arquivo):** informa o nome do arquivo que está ativo no momento, evitando confusões ao trocar as janelas de trabalho.

- **04 – painel *Search* (busca de ferramentas e soluções):** permite que você pesquise sobre ferramentas e recursos existentes no AutoCAD. Basta digitar o nome do comando, ou do recurso desejado, e confirmar com *Enter*. Automaticamente, o navegador da internet será aberto, direcionando para instruções oficiais da Autodesk.

- **05 – painel *A360, Manage Licence, Help*:** possibilita verificar informações de login e informações sobre a licença do software, acessar o Autodesk App Store, para compra de recursos extras, e até entrar no campo de ajuda.

- **06 – menu *Ribbon*:** o menu *Ribbon* é um dos campos mais importantes do AutoCAD. Nele encontramos todas as ferramentas necessárias para executar o desenho. O menu *Ribbon* é separado em guias e painéis, a fim de organizar e facilitar a separação das ferramentas.

- **07 – guias do menu *Ribbon*:** as guias, mais popularmente chamadas de abas, são as separações das ferramentas por grupos distintos. Por exemplo, na guia *Annotate* encontramos ferramentas para a criação de cotas, textos e anotações; na guia *Manage,* temos somente ferramentas de gerenciamento do arquivo.

- **08 – painel do menu *Ribbon*:** separa as guias em grupos com ferramentas organizadas por funções. Também é possível ativar comandos que não ficam fixados na parte principal do menu.

- **09 – guia *Arquivos*:** permite alternar entre os arquivos abertos no momento e até abrir um novo arquivo *.dwg. Para isso, basta clicar na guia *New Drawing*, com o símbolo +.

- **10 – painel de controle de visualização:** possibilita configurar a quantidade das viewports (janelas de visualização para o mesmo arquivo), bem como planos de visualização e estilos visuais. Esse recurso é utilizado com frequência na modelagem 3D.

- **11 – *View Cube*:** permite rotacionar o plano de trabalho 3D, facilitando a visualização de modelos tridimensionais.

- **12 – painel de comandos de visualização:** contém o *Zoom*, o *Pan* e o *Orbit*, entre outros diversos comandos de visualização do campo de trabalho.

- **13 – WCS ou UCS:** ícone do sistema WCS/UCS, representa o sentido e a direção dos eixos X, Y e Z. Seu símbolo pode estar fixado na parte inferior esquerda da área de trabalho do AutoCAD ou em sua posição real na coordenada 0,0,0. Clicando com o botão direito do mouse, você encontrará a opção *UCS Icon Settings* e, dentro das opções, o item *Show UCS Icon at Origin*. Uma vez habilitada essa opção, a representação dos eixos ficará fixa no ponto 0,0,0.

- **14 – guias *Model* e *Layout*:** permitem alternar entre o campo *Model* (área de trabalho do AutoCAD) e o campo *Layout* (configuração de folhas e viewports com escalas de impressão, entre outros recursos).

- **15 – linha de comando:** é o item mais importante dentro do AutoCAD. Todos os comandos, opções de variáveis, informações dimensionais e até mesmo resultados de cálculos são apresentados na linha de comando.

- **16 – cursor do mouse:** permite dar precisão aos seus desenhos, quando você clica nos pontos necessários, e até executar seleção de objetos e regiões.

- **17 – área de trabalho:** é o campo para executar o projeto. Podemos dizer que a área de trabalho do AutoCAD é a nossa prancheta, em que colocamos as geometrias e as informações e damos vida ao projeto.

- **18 – barra de status:** permite ativar e desativar ferramentas que vão auxiliar durante a criação do projeto.

- **19 – *Customization*:** botão que, ao ser habilitado, faz com que o AutoCAD abra uma cascata de opções com diversas ferramentas. Caso seja necessário, podemos habilitá-las, para que fiquem visíveis na barra de status. O mesmo ocorre caso queiramos desativar algum dos itens habilitados.

- **20 – ferramentas *Minimizar, Maximizar e Fechar arquivo*:** recurso que minimiza a janela de trabalho dos arquivos AutoCAD, permitindo visualizar arquivos que estão sobrepostos ao campo de trabalho. Também é possível maximizar, e até mesmo fechar, o arquivo em questão.

- **21 – ferramentas *Minimizar, Maximizar e Fechar software*:** recurso que minimiza a janela do software AutoCAD, possibilitando visualizar outros aplicativos ou programas que estão atrás da janela do AutoCAD. Também é possível maximizar, e até mesmo fechar, o software.

Sistema *Save*, *Save As*, *Open*, *Close*

Para garantir que o seu projeto fique salvo no diretório, você precisa utilizar os comandos padronizados do sistema Windows, como *Save*, *Save As*, *Open* e *Close*.

Esses comandos se tornaram de uso comum pelo fato de estarem presentes em outros softwares, como Word e Excel, mas, no AutoCAD, isso pode ser otimizado com os atalhos de teclado.

Save *(salvando um novo arquivo)*

Quando iniciamos um novo projeto no AutoCAD, é recomendado que seja feito o salvamento do arquivo, para não haver perdas em caso de falhas de hardware ou software. O AutoCAD solicitará o diretório, o nome e a extensão para executar o comando *Save*.

1. Selecione o menu do aplicativo (ícone do AutoCAD na parte superior esquerda da tela).
2. Na cascata de opções, selecione *Save*. A janela *Save Drawing As* será exibida com os padrões de instalação do AutoCAD.

3. Na cascata *Save in*, selecione o diretório em que deseja salvar seu desenho (pode ser uma pasta de projetos específica no seu computador).
4. No campo *File name*, digite um nome para o arquivo.
5. No campo *Files of type*, o AutoCAD permite salvar seu projeto nas extensões *.dwg e *.dxf em versões mais antigas do AutoCAD.

 Se você estiver utilizando uma versão mais antiga (por exemplo, a 2018) e tentar abrir uma versão mais recente (por exemplo, a 2020), não conseguirá fazê-lo. Neste caso, aparecerá o erro "The drawing file could not be opened because it was created with a more recent version of AutoCAD". Então, é recomendado executar o comando *Save As* e, em *Files of type*, selecionar uma versão igual ou inferior à do seu AutoCAD.

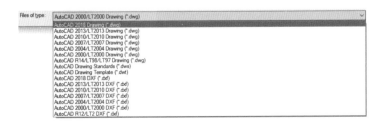

Conhecendo o programa – 23

6. Selecione a versão desejada para salvar seu arquivo.

7. Para finalizar, clique no botão *Save*.

Uma vez que o arquivo esteja salvo, esse procedimento de nomear e escolher as versões não será mais necessário, bastando clicar na opção *Save* para salvar as edições e a versão de seu desenho.

Existem outras três formas de habilitar o comando *Save*:

- clicando no ícone *Save*, no menu de acesso rápido.
- digitando a palavra *Save* ou a sigla "SA" na linha de comando e confirmando com a tecla *Enter*.
- utilizando o atalho do sistema Windows, mantendo pressionada a tecla *Ctrl* e pressionando a tecla *S*.

Save As *(salvando uma cópia do arquivo)*

Podemos utilizar o recurso *Save As* quando necessitamos salvar um arquivo e não desejamos fazê-lo no mesmo diretório, gerando, assim, um arquivo paralelo.

1. Selecione o menu do aplicativo (ícone do AutoCAD na parte superior esquerda da tela).

2. Na cascata de opções, selecione *Save As*. Serão apresentadas as opções a seguir:

- ***Drawing***: salva uma cópia do arquivo na extensão *.dwg, permitindo edições futuras.
- ***Drawing to AutoCAD Web & Mobile***: salva uma cópia do arquivo, utilizando o sistema do A360, que permite que a abertura e a edição sejam feitas diretamente pelo aplicativo Autodesk em seu celular, tablet ou outro dispositivo móvel.
- ***Drawing Template***: salva um modelo padrão no formato *.dwt para futuros projetos. Nesse padrão, podemos deixar pré-configurados estilos de cotas, layers (camadas), cores e padrões de linhas, por exemplo.
- ***Drawing Standards***: salva um modelo padrão na extensão *.dws.
- ***Other Formats***: permite salvar seu arquivo nas extensões *.dwg, *.dws, *.dwt e *.dxf.
- ***DWG Convert***: permite converter um formato *.dwg para versões anteriores, e vice-versa.

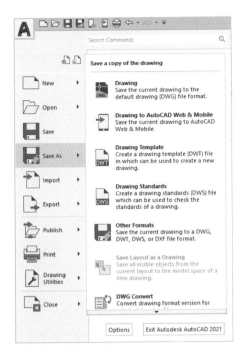

3. Selecione a opção *Drawing*. A janela *Save Drawing As* será carregada.

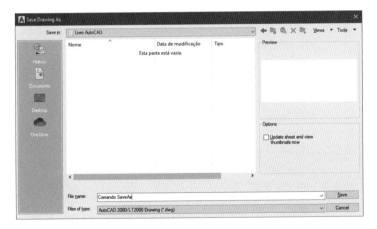

4. Na cascata *Save in*, selecione o diretório em que deseja salvar seu desenho (pode ser uma pasta de projetos específica em seu computador).

5. No campo *File name*, digite o nome do arquivo. No campo *Files of type*, o AutoCAD permite salvar seu projeto nas extensões *.dwg e *.dxf, em versões mais antigas do software.

6. Selecione a versão desejada para salvar seu arquivo.

7. Para finalizar, clique no botão *Save*.

Uma vez salvo o arquivo, esse procedimento de nomear e escolher as versões não será mais necessário, bastando clicar na opção *Save* para salvar as edições e as versões de seu desenho.

Existem outras duas formas de habilitar o comando *Save As*:

- clicando no ícone *Save As*, no menu de acesso rápido.
- digitando "saveas" e confirmando com a tecla *Enter*.

Open *(abrindo um arquivo)*

Para abrir um arquivo já existente em seu diretório, utilize o comando *Open*.

1. Selecione o menu do aplicativo (ícone do AutoCAD na parte superior esquerda da tela).
2. Na cascata de opções, selecione *Open*. Serão exibidas as opções apresentadas a seguir:

- **Drawing**: abre um arquivo na extensão *.dwg existente em seu diretório.
- **Drawing from AutoCAD Web & Mobile**: abre um arquivo salvo na nuvem pelo sistema do A360.
- **Sheet Set**: abre arquivos na extensão *.dst. Os arquivos de *Sheet Set* contêm os padrões e o gerenciamento de folhas.
- **DGN**: abre arquivos na extensão *.dgn, convertendo-os para a extensão *.dwg.
- **Sample Files**: permite abrir modelos de desenhos existentes na pasta de instalação do software.

26 – AutoCAD: projetos em 2D e recursos adicionais

3. Selecione a opção *Drawing*. A janela *Open* será carregada.

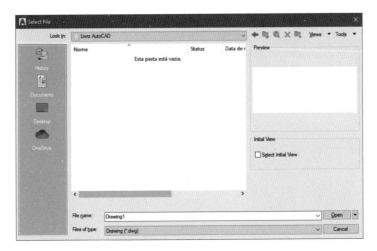

4. Na cascata *Look in*, selecione o diretório em que deseja buscar o arquivo.

5. Selecione o arquivo necessário e, para finalizar, clique no botão *Open*.

Existem outras duas formas de habilitar o comando *Open*:

- clicando no ícone *Open*, no menu de acesso rápido.
- digitando a palavra "open", ou a sigla "OPE", e confirmando com a tecla *Enter*.

Close *(fechando um arquivo)*

Para fechar um arquivo que esteja aberto em seu AutoCAD, utilize o comando *Close*.

1. Selecione o menu do aplicativo (na parte superior esquerda da tela).
2. Na cascata de opções, selecione *Close*. Serão exibidas estas opções:

- **Current Drawing**: fecha somente o arquivo ativo no momento. Caso haja mais arquivos abertos, porém em segundo plano, eles serão mantidos abertos.
- **All Drawings**: fecha todos os arquivos abertos no momento, até mesmo os que estiverem em segundo plano no AutoCAD.

3. Selecione a opção *Current Drawing*. Caso o arquivo tenha sofrido alguma modificação e não tenha sido salvo antes de ser ativado o comando *Close*, o AutoCAD perguntará se deseja salvá-lo antes de fechá-lo.

4. Para finalizar, selecione a opção mais adequada ao seu desenho:
- **Sim**: salva e, na sequência, fecha o arquivo.
- **Não**: não salva e, na sequência, fecha o arquivo.
- **Cancelar**: cancela o comando *Close*.

Existem outras duas formas de habilitar o comando *Close*:
- Selecionando o ícone *Close* (o "x" no canto superior direito da área de trabalho). Esse ícone está localizado no grupo de ferramentas *Minimizar*, *Maximizar* e *Fechar arquivo*.
- Digitando a palavra "close", ou a sigla "CLO", e confirmando com *Enter*.

Acesso aos comandos pelo menu RIBBON

O menu *Ribbon* permite que tenhamos acesso a diversas ferramentas de trabalho do AutoCAD, como itens de construção de geometrias e ferramentas de edição. Durante o desenho, você poderá selecionar o comando mais adequado para a situação, clicando no ícone correspondente.

O menu *Ribbon* é separado em guias e painéis, com a finalidade de organizar e facilitar a separação dos comandos. A primeira guia é a *Home*, e nela encontramos os painéis *Draw*, *Modify* e *Annotation*, entre outros.

Cada painel contém ferramentas que ficam ocultas. Para ativá-las, selecione a seta ao lado do nome correspondente.

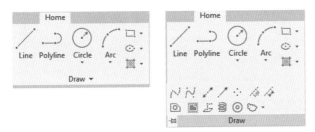

Caso deseje fixar os painéis ocultos, clique no ícone *fix* (com o formato de um alfinete). Dessa forma, o painel será apresentado por completo. Caso deseje desafixar, basta selecionar o mesmo ícone, voltando ao padrão de instalação.

Outra funcionalidade é a edição dos painéis. Com ela, você pode movimentá-los e reorganizá-los da maneira que considerar mais adequada para o seu dia a dia.

1. Com o cursor do mouse, clique com o botão esquerdo e o mantenha pressionado na faixa em que é apresentado o nome do painel.
2. Ainda com o cursor pressionado, movimente o mouse, deslocando o painel para uma nova posição. O painel ganhará um aspecto translúcido.

3. Escolha uma nova posição e solte o botão do mouse. O painel ficará na posição desejada.

Uma função muito útil do menu *Ribbon* é a possibilidade de o AutoCAD apresentar um pequeno tutorial sobre o comando que desejamos executar. Caso deixe o cursor do mouse em cima de qualquer ferramenta por alguns segundos, sem pressionar os botões do mouse, o AutoCAD carregará um pequeno painel com uma breve explicação, uma imagem com um exemplo do comando e a função *F1*, que permite habilitar o campo *Help*.

Nas figuras a seguir, temos os exemplos dos comandos *Mirror* e *Rotate*.

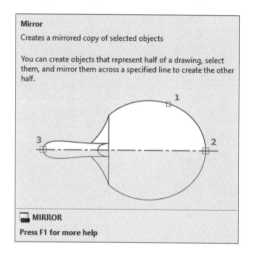
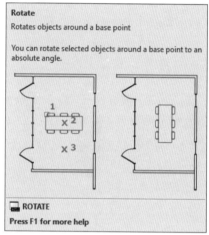

Alterando o aspecto de exibição do menu Ribbon

O menu *Ribbon* do AutoCAD, assim como acontece em outros softwares, permite que alteremos seu aspecto visual, minimizando-o ou deixando somente um painel suspenso, a fim de ampliar a área de trabalho. Para alterar seu aspecto visual, selecione a seta que fica ao lado da última guia no *Ribbon*, habilitando as três opções apresentadas a seguir.

- **Minimize to Tabs**: minimiza todos os painéis, deixando somente os nomes das guias. Para ativar os comandos, selecione a guia desejada. Os comandos serão, assim, exibidos. Finalizando a seleção, os painéis serão ocultados novamente.

- **Minimize to Panel Titles**: minimiza todos os painéis, porém, deixa os nomes das guias na parte inferior. Para ativar os comandos, passe o mouse sobre o nome da guia (não precisa clicar com o mouse). Dessa forma, o painel aparecerá.

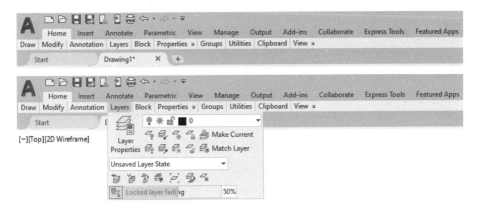

- **Minimize to Panel Buttons**: reduz o tamanho dos painéis de comandos, deixando somente um ícone e um nome em cada grupo. Para ativar os comandos, passe o mouse em cima do painel desejado. Todos os demais comandos serão exibidos.

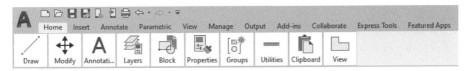

Uma forma rápida de alteração do aspecto do menu *Ribbon*, mas que pode gerar confusão, consiste no duplo clique em qualquer guia. Para utilizar esse método, execute os passos a seguir.

1. Movimente o cursor do mouse até uma guia do menu *Ribbon*.
2. Dê um duplo clique no nome da guia. O aspecto visual do menu *Ribbon* será alterado com base nas quatro configurações possíveis.
3. Repita o processo até encontrar a melhor forma de trabalho para o seu projeto.
4. O mesmo procedimento poderá ser feito clicando uma vez no ícone ao lado da última guia (neste exemplo, a guia *Featured Apps*).

Linha de comando

Na parte inferior do AutoCAD, encontramos a linha de comando, na qual vamos inserir atalhos, verificar medidas e entender quais informações os comandos estão solicitando, bem como a sequência correta dos comandos.

```
X  Command: L LINE
   Specify first point:
   ▼ LINE Specify next point or [Undo]:
```

Uma forma rápida de verificar o histórico dos comandos, ou até mesmo resultados de contas e dimensões inseridas na linha de comando, consiste em pressionar a tecla *F2*.

```
Command: *Cancel*
Command: *Cancel*
Command: l LINE
Specify first point:
Specify next point or [Undo]:
Specify next point or [Undo]:
Specify next point or [Close/Undo]:
Specify next point or [Close/Undo]: *Cancel*
Command: C CIRCLE
Specify center point for circle or [3P/2P/Ttr (tan tan radius)]:
Specify radius of circle or [Diameter] <37.6216>:
Command: Specify opposite corner or [Fence/WPolygon/CPolygon]:
Command: REC RECTANG
Specify first corner point or [Chamfer/Elevation/Fillet/Thickness/Width]:
Specify other corner point or [Area/Dimensions/Rotation]:
Command: PL PLINE
Specify start point:
Current line-width is 0.0000
Specify next point or [Arc/Halfwidth/Length/Undo/Width]: *Cancel*
```

Para desativar a visualização do histórico, pressione novamente a tecla *F2* ou pressione *Esc*.

Atalhos de teclado

O AutoCAD apresenta diversos comandos para a realização de seu desenho. Com o tempo, você desenvolverá uma técnica própria, percebendo quais comandos são mais utilizados e ativando-os pelos atalhos de teclado.

Os atalhos de teclado funcionam como uma forma rápida e direta de ativar os comandos pela linha de comando. Basta digitar seu atalho e confirmar com a tecla *Enter*.

A seguir, apresentamos os principais atalhos de teclado para o seu aprendizado.

Atalhos de teclado – de A a Z

Atalho	Ação
A	Comando *Arc* (cria um arco)
AA	Comando *Area* (calcula área/perímetro de regiões ou objetos)
AL	Comando *Align* (alinha objetos com outros objetos em 2D)

AR	Comando *Array* (cria múltiplas cópias de objetos em um padrão)
B	Comando *Block* (cria uma definição de bloco, partindo de objetos selecionados)
BE	Comando *Bedit* (abre a definição do bloco no editor de bloco)
C	Comando *Circle* (cria um círculo)
CH	Exibe e controla as propriedades do objeto selecionado
CHA	Comando *Chamfer* (chanfra as arestas de objetos)
CO	Comando *Copy* (copia objetos a uma distância especificada em uma direção especificada)
DAN	Comando *Dimangular* (dimensão angular; cria uma cota angular)
DAR	Comando *Dimarc* (dimensão de arco; cria uma cota de comprimento de arco)
DCO	Comando *Dimcontinue* (dimensão contínua; cria uma cota que inicia de uma linha de extensão de uma cota anteriormente criada)
DDI	Comando *Dimdiameter* (dimensão de diâmetro; cria uma cota de diâmetro para um círculo ou um arco)
DI	Comando *Dist* (mede a distância e o ângulo entre dois pontos)
DIV	Comando *Divide* (cria objetos de ponto ou blocos espaçados por igual ao longo do comprimento ou perímetro de um objeto)
DLI	Dimensão linear (cria uma cota com base em dois pontos, sempre paralelos ao eixo X ou ao eixo Y)
DO	Comando *Donut* (cria um círculo preenchido ou um anel largo)
DRA	Comando *Dimradius* (dimensão de raio; cria uma cota de raio para um círculo ou um arco)
E	Comando *Erase* (remove objetos de um desenho)
EL	Comando *Ellipse* (cria uma elipse ou um arco elíptico)
Esc	Cancela o comando atual
EX	Comando *Extend* (estende os objetos até que encontrem as arestas de outros objetos)
F	Comando *Fillet* (arredonda e faz a concordância das arestas de objetos)
H	Comando *Hatch* (preenche uma área delimitada ou objetos selecionados com uma hachura padrão, preenchimento sólido ou preenchimento de gradiente)
I	Comando *Insert* (insere um bloco ou um desenho no desenho atual)
L	Comando *Line* (cria segmentos de linha reta)

LA	Gerenciamento do comando *Layer* (gerencia layers e propriedades de layers)
LI	Comando *List* (exibe informações e propriedades dos objetos selecionados)
LTS	Comando *Ltscale* (ajusta escala visual dos estilos de linhas, como linhas tracejadas e linhas de centro)
M	Comando *Move* (move objetos por uma distância e em uma direção especificadas)
MA	Comando *Matchprop* (copia a propriedade de uma geometria para outro elemento selecionado)
MI	Comado *Mirror* (cria uma cópia espelhada de objetos selecionados)
MO	Comando *Properties* (controla as propriedades de objetos existentes)
MT ou T	Comando *Mtext* (cria textos em diversas linhas)
O	Comando *Offset* (cria círculos concêntricos, linhas paralelas e curvas paralelas)
OP	Comando *Options* (personaliza as configurações do programa)
OS	Comando *Osnap* (define os modos de snap do objeto em execução)
P	Comando *Pan* (adiciona um parâmetro com alças a uma definição de bloco dinâmico)
PL	Comando *Polyline* (cria uma polilinha 2D)
PO	Comando *Point* (cria um objeto de ponto)
POL	Comando *Polygon* (cria uma polilinha fechada equilátera)
PRINT	Comando *Print* (impressão)
PU	Comando *Purge* (remove do desenho itens não utilizados, como definições de bloco e layers)
R	Comando *Redraw* (atualiza a exibição na viewport atual)
RE	Comando *Regen* (regenera o desenho inteiro partindo da viewport atual)
REC	Comando *Rectangle* (cria uma polilinha retangular)
RO	Comando *Rotate* (rotaciona os objetos ao redor de um ponto base)
S	Comando *Stretch* (estica os objetos cruzados por uma janela ou um polígono de seleção)
SC	Comando *Scale* (amplia ou reduz os objetos selecionados, mantendo as proporções do objeto após o redimensionamento)

SPL	Comando *Spline* (cria uma curva suave que passa através ou perto de pontos especificados)
TB	Comando *Table* (cria um objeto de tabela vazio)
TP	Comando *Tool Palettes* (abre a janela *Paletas de Ferramentas*)
TR	Comando *Trim* (apara os objetos até que encontrem as arestas de outros objetos)
UN	Comando *Units* (controla os formatos de exibição de coordenadas e ângulos, além da precisão)
X	Comando *Explode* (quebra um objeto composto em seus objetos componentes)
XL	Comando *Xline* (cria uma linha com dimensões infinitas, permitindo utilizá-las como referências de construção em seu projeto)
Z	Comando *Zoom* (aumenta ou diminui a ampliação da vista na viewport atual)

Atalhos de teclado – funções F1 *a* F12

Atalho	Ação
F1	Exibe o campo *Help*
F2	Apresenta o histórico da linha de comando
F3	Ativa e desativa o sistema *Osnap*
F4	Ativa e desativa o *3DOsnap*
F5	Alterna o plano isométrico
F6	Ativa e desativa o modo *Dynamic UCS*
F7	Ativa e desativa o modo *Grid*
F8	Ativa e desativa o modo *Ortho*
F9	Ativa e desativa o modo *Snap*
F11	Ativa e desativa o sistema *Snap Tracking*
F12	Ativa e desativa o modo *Dynmode*

Atalhos de teclado – funções Ctrl +

Atalho	Ação
Ctrl + 0	Limpa a tela

Ctrl + 1	Ativa o comando de propriedades
Ctrl + 2	Ativa o sistema *Design Center*
Ctrl + 3	Ativa o comando *Tool Palettes*
Ctrl + 4	Ativa o comando *Sheetset*
Ctrl + 6	Ativa o sistema *dbConnect Manager*
Ctrl + 7	Ativa o comando *Markup*
Ctrl + 8	Ativa a calculadora rápida do AutoCAD
Ctrl + 9	Ativa e desativa a exibição da linha de comando
Ctrl + C	Copia objeto
Ctrl + X	Corta objeto
Ctrl + V	Cola objeto
Ctrl + Shift + C	Copia para a área de transferência com o ponto base
Ctrl + Shift + V	Cola dados como bloco
Ctrl + Z	Desfaz a última ação
Ctrl + Y	Refaz a última ação

VISUALIZAÇÃO DO DESENHO BIDIMENSIONAL

Dentro da área de trabalho do AutoCAD, você perceberá que precisará diminuir, movimentar a tela ou até mesmo ajustar a posição de visualização, para ter um entendimento melhor e mais amplo do projeto. Para isso, utilizamos os comandos de visualização *Pan* e *Zoom*.

Visualização do desenho bidimensional – comando Pan

O comando *Pan* tem a finalidade de movimentar o campo visual da área de trabalho do AutoCAD, facilitando a escolha da região para o trabalho ou o ajuste.

Existem três formas de utilizar esse comando:

- pela linha de comando;
- pelo painel de comandos de visualização;
- pelo botão scroll do mouse ("rodinha").

Linha de comando

1. Na linha de comando, digite a palavra "pan" ou a letra "P" e confirme com *Enter*. O cursor do mouse ficará com o formato de uma mão aberta.

2. Clique e mantenha pressionado o botão esquerdo do mouse. O cursor será alterado para o formato de uma mão fechada, indicando que o comando está selecionando uma região da tela.

3. Movimente o mouse para a direção desejada do ajuste da tela. Toda a área de trabalho será movimentada conforme o movimento do mouse.

4. Repita o processo de pressionar o botão esquerdo do mouse e movimente a tela até encontrar a posição adequada.

5. Para finalizar, solte o botão esquerdo do mouse e pressione *Esc* ou *Enter*.

Painel de comandos de visualização

1. No painel de comandos de visualização, clique no ícone do comando *Pan*.

2. Clique e mantenha pressionado o botão esquerdo do mouse, repetindo os passos explicados anteriormente.

Botão scroll

Essa forma é a mais prática, rápida e fácil. Utilizar o botão scroll do mouse ("rodinha") serve para ativar o comando e, ao mesmo tempo, ajustar o campo visual da área de trabalho.

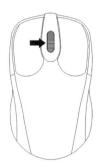

1. Com o mouse na área de trabalho, clique e mantenha o scroll pressionado. O cursor do mouse será alterado para o formato de uma mão fechada, o que indica que o comando está selecionando uma região da tela.

2. Sem soltar o botão scroll, movimente o mouse para a direção desejada do ajuste da tela. Toda a área de trabalho será movimentada conforme o movimento do mouse.

3. Repita o processo de pressionar até encontrar a posição adequada.

4. Para finalizar, basta soltar o botão scroll do mouse.

Visualização do desenho bidimensional – comando Zoom

O comando *Zoom* aumenta ou diminui a proporção de visualização de seu desenho na área de trabalho do AutoCAD. Existem diversas formas de utilizar o comando *Zoom*, mas as mais importantes são as mesmas explicadas no caso do comando *Pan*: pela linha de comando, pelo painel de comandos de visualização e pelo botão scroll do mouse.

Linha de comando

1. Na linha de comando, digite a palavra "zoom" ou digite a letra "Z" e confirme com *Enter*. O cursor do mouse ganhará o formato de uma lupa.

2. Note que a linha de comando informará "[All/Center/Dynamic/Extents/Previous/Scale/Window/Object] <real time>:", solicitando qual método deseja utilizar. Os métodos são os explicados a seguir:

- **Extents**: o *Zoom Extents* é o método mais prático e utilizado. Ele permite que você veja a área de trabalho do AutoCAD exibindo todos os objetos desenhados em um campo visual ajustado às extremidades das geometrias.
- **Window**: permite realizar o zoom em uma região selecionada. Quando você ativar essa opção, o AutoCAD solicitará que clique em dois pontos, formando um retângulo. O zoom será ajustado a essa região demarcada.
- **Previous**: retorna ao campo visual da área de trabalho anterior.
- **All**: ajusta a escala de visualização com base em todo o campo útil da área de trabalho. O AutoCAD poderá ajustar com a posição de origem UCS e a posição real do seu desenho.
- **Dynamic**: ajusta o campo visual com base em um campo retangular ajustável. Ao ativar essa opção, clique com o retângulo de seleção na região em que deseja utilizar o zoom, ajuste a dimensão do retângulo e confirme clicando em *Enter*.
- **Scale**: ajusta a escala visual com base em um fator de escala.
- **Center**: centraliza e ajusta a visualização da área de trabalho com base em um ponto de referência e um valor de magnitude inserido na linha de comando.
- **Object**: ajusta o zoom com base em um objeto selecionado.

3. Para finalizar, selecione a opção desejada, ou digite seu atalho, confirmando com *Enter*.

Painel de comandos de visualização

1. No painel de comandos de visualização, clique na seta abaixo do ícone do comando *Zoom*.

2. Selecione a opção mais adequada para realizar o ajuste do campo visual da área de trabalho.

Botão scroll

1. Com o mouse na área de trabalho, rode o scroll do mouse para a frente ou para trás. A área de trabalho do AutoCAD será ajustada com os comandos *Zoom In* e *Zoom Out*, permitindo um ajuste direto.

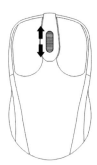

2. Para finalizar, solte o botão scroll do mouse.

Esse método é muito fácil, e, para facilitar ainda mais o entendimento dele, você poderá deixar o mouse próximo a um objeto ou uma geometria e utilizar os comandos *Zoom In* ou *Zoom Out*, pelo scroll do mouse. Note que o ajuste será feito com base na posição do cursor do mouse, facilitando o seu trabalho.

Formato do cursor do mouse

Durante todo o processo de desenho no AutoCAD, nosso maior aliado será o mouse. Com ele, selecionaremos pontos de precisão, geometrias ou até mesmo regiões para ativar ou concluir algum comando.

Dessa forma, é de suma importância entender os formatos e padrões que o ponteiro do mouse tem em cada etapa dos comandos, para melhorar seu conhecimento sobre esses comandos e agilizar a conclusão do desenho.

Formato Crosshair

O formato *Crosshair* permite executar a seleção de regiões ou objetos, ao iniciar um comando. Por padrão, ele é composto por duas linhas perpendiculares com um quadrado no centro.

Sempre que o formato do ponteiro do mouse estiver com essa aparência, podemos entender que o AutoCAD está aguardando a ativação de um comando, a seleção de um objeto ou a seleção de uma região.

Esse será o formato comum ao abrir um novo arquivo ou finalizar um comando no AutoCAD.

Formato Crosshair PickPoint

O formato *Crosshair PickPoint* é habilitado quando precisamos indicar um ponto de precisão em nosso desenho. Esse formato não permite a seleção de objetos ou regiões na área de trabalho.

Um exemplo clássico pode ser visto quando ativamos o comando *Line*. Note que, antes de ativar o comando, o AutoCAD apresentará o ponteiro do mouse com o formato *Crosshair* (ainda com o quadrado no meio). Após a ativação, a linha de comando informará a frase "Specify first point:", e o ponteiro do mouse já estará com o formato *Crosshair PickPoint*, aguardando um ponto de precisão para continuar seu desenho.

Formato PickBox

O formato *PickBox* tem como objetivo a seleção de objetos durante a execução de um comando. Diferentemente do processo do *Crosshair*, ele fica inativo até a solicitação do AutoCAD.

□

Por exemplo, na utilização do comando *Move*, antes de ativá-lo o AutoCAD apresentará o formato do ponteiro do mouse no padrão *Crosshair*. Ao ativar o comando, o AutoCAD informará, na linha de comando, a frase "Select objects:" e alterará o ponteiro do mouse para o *PickBox*, permitindo somente a seleção de objetos, e não de pontos de precisão.

Anotações

2

Sistemas de coordenadas

OBJETIVOS

» Aprender a utilizar o sistema de coordenadas absolutas

» Entender o uso de coordenadas relativas

» Compreender as coordenadas polares

O AutoCAD é um software muito preciso nos desenhos que executa e, para isso, utiliza o sistema de coordenadas, muito comum na matemática quando tratamos de sistemas cartesianos.

O AutoCAD tem o sistema de referenciamento chamado WCS, do inglês World Coordinate System.

Dessa forma, nossos desenhos sempre serão referenciados aos eixos X, Y e Z.

Você pode mudar essa referência para um novo ponto de precisão em seu desenho, criando um UCS (do inglês User Coordinate System), ou seja, um ponto de referência customizado com base em um ponto do seu desenho.

Utilizando tanto o sistema de referência WCS quanto o UCS, ao desenhar novas geometrias, podemos escolher o tipo de coordenada com que o desenho será criado: coordenadas absolutas, relativas ou polares. Vale lembrar que, ao abrir um novo arquivo no AutoCAD, os sistemas WCS e UCS são coincidentes, portanto, não é necessário fazer ajustes ou correções.

 Nos próximos exemplos e exercícios, não utilizaremos as referências do eixo Z, pois ele é empregado para a criação de volumes e sólidos 3D. Também não alteraremos o ponto de referência WCS, ou seja, será usado o padrão de instalação do AutoCAD.

Coordenadas absolutas

O sistema de coordenadas absolutas utiliza como base a coordenada x = 0 e y = 0 do sistema UCS como referência. Dessa forma, quando o AutoCAD solicita o ponto de criação ou a dimensão do seu desenho, você deve preencher, na linha de comando, as coordenadas absolutas com base no sentido e nas dimensões necessárias em seu projeto.

Para entender melhor como inserir as coordenadas absolutas corretamente em seu AutoCAD, temos de entender que um plano cartesiano trabalha com sentidos positivos e negativos, dependendo do resultado desejado.

A partir do ponto 0,0, o eixo X se torna positivo no sentido da direita, porém, no sentido da esquerda a partir do ponto 0,0, os valores das coordenadas se tornam negativos. O mesmo raciocínio vale para o eixo Y: do ponto 0,0 para cima, o sentido será positivo, e, do ponto 0,0 para baixo, negativo.

Dessa forma, temos quatro combinações de planos, como mostra a figura a seguir.

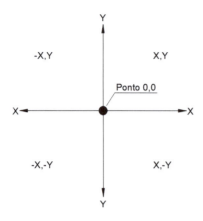

- X,Y (eixo X positivo, eixo Y positivo).
- X,-Y (eixo X positivo, eixo Y negativo).
- -X,Y (eixo X negativo, eixo Y positivo).
- -X,-Y (eixo X negativo, eixo Y negativo).

As coordenadas absolutas devem ser preenchidas sempre desta forma: com a indicação do eixo X em primeiro, a do eixo Y em segundo e, se necessário, a do eixo Z por último, sempre se referenciando ao 0,0 do arquivo.

O AutoCAD utiliza, como forma de separação das coordenadas entre os eixos, a vírgula (",").

 Havendo a necessidade de informar dimensões com casas decimais, utilize o símbolo de ponto ("."). Fique atento, pois isso gera muitas dúvidas entre os desenhistas que estão começando a utilizar o AutoCAD. Por exemplo, caso seja necessário informar a posição 10,2 no eixo X e a 8,4 no eixo Y, a coordenada será representada como "10.2,8.4".

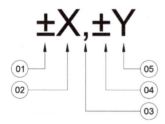

- **01:** sentido positivo ou negativo do eixo X.
- **02:** posição ou dimensão no eixo X.
- **03:** separador de coordenadas (vírgula).
- **04:** sentido positivo ou negativo do eixo Y.
- **05:** posição ou dimensão no eixo Y.

 Para o sentido positivo, em ambos os eixos, não é necessária a indicação do sinal "+" na linha de comando do AutoCAD. Assim, ao omitir o sinal, automaticamente o AutoCAD entenderá que se trata do sentido positivo do eixo.

Para reforçar o seu aprendizado, vamos executar juntos a atividade a seguir.

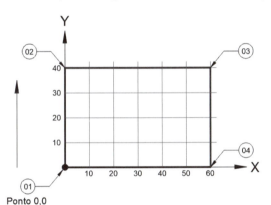
Ponto 0,0

1. Ative o comando *Line*. Na linha de comando, será exibida a frase "Specify first point:", solicitando o primeiro ponto de referência do desenho. Note que, na imagem, o ponto (01) está referenciado exatamente na coordenada 0,0 do sistema cartesiano. Vamos construir esse desenho com base no ponto (01), seguindo o sentido horário até o ponto (04) e finalizando novamente no ponto (01).

2. Digite a coordenada "0,0", com a finalidade de indicar o ponto inicial do desenho. Confirme pressionando *Enter*.

3. Verifique o ajuste de visualização do seu desenho no ponto de origem. A tela do AutoCAD poderá estar muito afastada ou próxima do ponto de origem. Caso seja necessário, utilize os comandos *Zoom In* e *Zoom Out* girando o scroll do mouse. Outro recurso que poderá ser usado é o *Pan*. Dessa forma, você poderá ajustar e encontrar com facilidade seu desenho durante o processo de construção.

4. A linha de comando indicará a frase "Specify next point or [Undo]:", solicitando o próximo ponto para a geometria desenhada. Note que a diferença do ponto (01) e

do ponto (02) em relação ao eixo X é zero; assim, indicaremos como coordenada "0" no eixo X. Em relação ao eixo Y, o ponto (02) está com a diferença de 40 no sentido positivo do eixo Y; assim, indicaremos como coordenada "40" no eixo Y. Então, digite a coordenada "0,40" e confirme com *Enter*.

5. Esse processo de indicação das coordenadas deverá ser repetido até que o desenho seja finalizado. Na linha de comando "Specify next point or [Undo]:", preencha com a coordenada "60,40" e confirme com *Enter*, indicando, assim, o ponto (03).

6. Na linha de comando "Specify next point or [Undo]:", preencha com a coordenada "60,0" e confirme com *Enter*, indicando, assim, o ponto (04).

7. Na linha de comando "Specify next point or [Undo]:", preencha com a coordenada "0,0" e confirme com *Enter*, indicando, assim, o ponto (01).

O AutoCAD apresenta diversos recursos que podem auxiliar no processo construtivo do seu desenho. Um recurso muito interessante é a opção *Close*, que fecha seu desenho com base no último ponto de coordenada inserido até o primeiro ponto desenhado. Nesse exemplo, ele desenhará uma linha do ponto (04) direto ao ponto (01). Para isso, após construir o ponto (04), no passo 7, digite "C" na linha de comando e confirme com a tecla *Enter*. Automaticamente, o AutoCAD fechará seu desenho. Caso o processo de desenho seja interrompido e recomeçado a partir de outro ponto, esse processo de fechamento não funcionará, havendo o retorno para o novo primeiro ponto inserido.

Coordenadas relativas

Diferentemente do processo construtivo por coordenadas absolutas, o processo por coordenadas relativas utiliza o último ponto desenhado ou selecionado como referência para a geometria desenhada. Dessa forma, fica mais fácil desenhar geometrias mais complexas.

As coordenadas relativas devem ser informadas com o símbolo arroba ("@") antes da coordenada do eixo X. Na sequência, informamos a coordenada para o eixo Y e, se necessário, por último informamos o eixo Z para o AutoCAD. Como mencionado, esse processo sempre será referenciado ao último ponto desenhado ou selecionado.

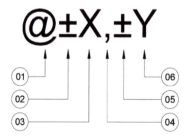

- **01:** símbolo arroba ("@") na coordenada relativa.
- **02:** sentido positivo ou negativo do eixo X.
- **03:** posição ou dimensão no eixo X.
- **04:** separador de coordenadas (vírgula).
- **05:** sentido positivo ou negativo do eixo Y.
- **06:** posição ou dimensão no eixo Y.

Vamos executar juntos a próxima atividade.

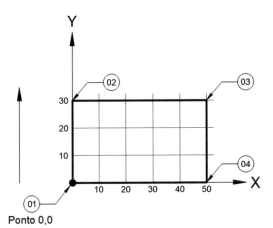

Ponto 0,0

1. Ative o comando *Line*.

2. O AutoCAD apresentará a frase "Specify first point:" na linha de comando, solicitando o primeiro ponto de referência do desenho. Vamos construir esse desenho com base no ponto (01), seguindo o sentido horário até o ponto (04), e finalizaremos novamente no ponto (01).

3. Com auxílio do mouse, selecione o ponto inicial em sua área de trabalho. Como não vamos utilizar a coordenada absoluta 0,0 do sistema UCS, o clique poderá ser feito em qualquer ponto da tela.

4. Após a seleção do ponto inicial, a linha de comando indicará a frase "Specify next point or [Undo]:", solicitando o próximo ponto para a geometria desenhada. Com base no ponto selecionado, a diferença do ponto (01) ao ponto (02) em relação ao eixo X é zero, então indicaremos, como coordenada, "0" no eixo X. Em relação ao eixo Y, o ponto (02) está com a diferença de 30 no sentido positivo do eixo Y, então indicaremos, como coordenada, "30" no eixo Y. Digite a coordenada "@0,30" e confirme pressionando *Enter*.

5. Em caso de necessidade, use o *Zoom In* e o *Zoom Out*, girando o scroll do mouse. Você também pode utilizar o comando *Pan*.

6. A linha de comando indicará a frase "Specify next point or [Undo]:", solicitando o próximo ponto para a geometria desenhada. Como utilizamos o sistema de coordenadas relativas, devemos fazer a análise a partir do último ponto desenhado. A diferença do ponto (02) ao ponto (03) em relação ao eixo X é 50, então, indicaremos, como coordenada, "50" no sentido positivo do eixo X. Em relação ao eixo Y, o ponto (03) não apresentou diferença na posição do eixo, de modo que indicaremos, como coordenada, "0" no eixo Y. Digite a coordenada "@50,0" e confirme com *Enter*.

7. Esse processo de indicação das coordenadas deverá ser repetido até que o desenho seja finalizado. Na linha de comando "Specify next point or [Undo]:", preencha com a coordenada "@0,-30" e confirme com *Enter*, indicando assim o ponto (04).

8. Na linha de comando "Specify next point or [Undo]:", preencha com a coordenada "@-50,0" e confirme com *Enter*, indicando novamente o ponto (01) e finalizando o desenho.

Nas coordenadas relativas, também é possível utilizar a opção *Close*. Com esse recurso, o AutoCAD fecha seu desenho com base no último ponto de coordenada inserido até o primeiro ponto desenhado. Nessa atividade que fizemos, ele desenhará uma linha do ponto (04) direto ao ponto (01). Assim, após construir o ponto (04), digite "C" na linha de comando e confirme com a tecla *Enter*. O AutoCAD fechará seu desenho. Caso o processo de desenho seja interrompido e recomeçado a partir de outro ponto, esse processo de fechamento não funcionará, retornando para o novo primeiro ponto inserido.

Coordenadas polares

Assim como desenhamos geometrias com precisão utilizando como referência os eixos X e Y, o AutoCAD permite que desenhemos linhas baseadas em um comprimento e um ângulo referenciado sempre ao eixo X. Essa técnica é chamada de desenho por coordenadas polares.

O AutoCAD, em sua configuração principal, tem o eixo X como referência dos ângulos e sistemas de rotação, sendo o ponto inicial o ângulo 0. No sentido anti-horário, os valores são considerados positivos; no sentido horário, os valores são considerados negativos.

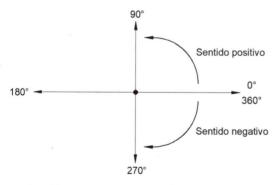

Ao digitar uma coordenada polar, devemos adicionar o sinal de menor ("<") como separação entre o comprimento desejado e o ângulo referenciado ao eixo X.

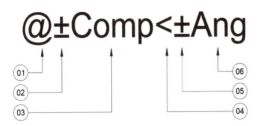

- **01:** símbolo arroba ("@") referente à coordenada relativa.
- **02:** sentido positivo ou negativo do comprimento da linha.
- **03:** comprimento da linha.
- **04:** sinal de menor ("<") referente à coordenada polar.
- **05:** sentido positivo ou negativo de rotação.
- **06:** ângulo de rotação.

 Mesmo tendo a opção de troca do sentido de rotação, podemos executar a alteração do sentido da linha. Para isso, precisamos preencher o comprimento do desenho com o sinal de negativo ("-"). Esse processo manterá o ângulo referenciado ao eixo X, não alterando o resultado do ângulo informado.

Para reforçar o seu aprendizado, vamos executar juntos a atividade a seguir.

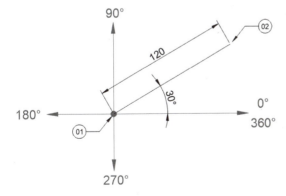

1. Ative o comando *Line*.
2. O AutoCAD apresentará a frase "Specify first point:" na linha de comando, solicitando o primeiro ponto de referência do desenho. Vamos construir o desenho com base no ponto (01).

3. Com ajuda do mouse, selecione o ponto inicial em sua área de trabalho. Uma vez que não utilizaremos a coordenada absoluta 0,0 do sistema UCS, você poderá fazer o clique em qualquer ponto da tela.

4. Após a seleção do ponto inicial, a linha de comando indicará a frase "Specify next point or [Undo]:", solicitando o próximo ponto para a geometria desenhada. Com base no ponto selecionado, a diferença do ponto (01) ao ponto (02) é 120, com o ângulo de 30° referenciado ao eixo X. Digite a coordenada "@120<30" e confirme pressionando *Enter*.

5. Como dito nas atividades anteriores (das coordenadas absolutas e das coordenadas relativas), procure ajustar a visualização do seu desenho no ponto de origem. Se necessário, use o *Zoom In* e o *Zoom Out*, girando o scroll do mouse, e utilize o comando *Pan*. Dessa forma, você poderá ajustar e encontrar com facilidade seu desenho durante o processo de construção.

6. A linha será construída com exatamente 120 unidades de comprimento e 30° com base no eixo X.

Anotações

Anotações

3

Criação de objetos – ferramentas de precisão

OBJETIVOS

» Conhecer as ferramentas *Osnap*, *Autosnap*, *Polar Tracking* e *Dynmode*

» Aprender a configurar e utilizar essas ferramentas

» Conhecer os pontos de precisão (snaps)

O AutoCAD apresenta diversas ferramentas de precisão para garantir a qualidade e a exatidão das medidas, assim como as posições e as referências utilizadas na construção dos desenhos. Entre esses recursos, estão as ferramentas de precisão *Osnap* e *Polar* e as referências de *Otrack*.

Um exemplo clássico é a continuação de uma geometria em um ponto específico após a finalização de um comando ou do processo construtivo. Dessa forma, com todos os recursos das ferramentas de precisão, podemos obter um resultado melhor em nosso projeto.

Ferramenta Osnap (Object Snap)

Ao construir geometrias, como linhas, círculos e retângulos, o AutoCAD apresenta pontos chamados de snaps, que contribuem para a precisão dos desenhos. Para configurar os recursos da opção *Osnap*, temos diversas formas:

- pela barra de status;
- pela janela de configuração *Drafting Settings*;
- pelo botão direito do mouse, durante o desenho.

Vale lembrar que precisamos ativar e configurar os pontos de snaps em nosso desenho. Para isso, execute os passos descritos a seguir.

Ativando a opção Osnap

1. Na barra de status (parte inferior do AutoCAD), selecione o botão *Object Snap*. Ao ser ativado, o ícone do comando ficará azul. Note que, na linha de comando, o AutoCAD informará a frase "Command: <Osnap on>", garantindo a sua utilização.

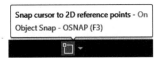

2. Caso seja necessário desabilitar, repita o processo, selecionando novamente o botão *Object Snap*. O botão ficará cinza e, na linha de comando, aparecerá a informação "Command: <Osnap off>".

Uma forma rápida de ativar e desativar a opção *Osnap* é pelo atalho de teclado. Basta pressionar *F3*, alternando em liga e desliga a seleção do botão. Não é necessário confirmar com *Enter*, e você pode usar o atalho durante o desenho, sem interromper os comandos de criação.

Configurando Osnap pela barra de status

1. Na barra de status (parte inferior do AutoCAD), clique com o botão direito do mouse no ícone da opção *Osnap*, ou na seta à direita dele. Todos os pontos de snaps serão apresentados. O sinal de visto que aparece antes do nome de alguns deles significa que estão ativados.

2. Selecione os pontos que deseja ativar ou desativar, clicando no ícone correspondente.

Configurando Osnap *pela janela de configuração* Drafting Settings

1. Na barra de status, clique com o botão direito do mouse no ícone da opção *Osnap* ou na seta à direita dele.

2. Clique na opção *Object Snap Settings*. A janela *Drafting Settings* aparecerá com a aba *Object Snap* ativada.

 Para ativar a janela *Drafting Settings* pelo atalho de teclado, com a linha de comando livre e com a frase "Type a command", digite "OS" e pressione *Enter*.

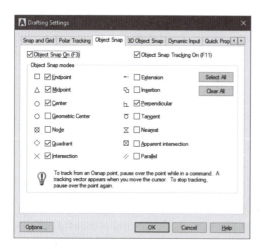

3. Dentro do grupo *Object Snap modes*, ative os snaps de precisão conforme a necessidade de seu desenho. O sinal de visto que aparece antes do nome de alguns snaps significa que estão ativados.

4. Após os ajustes, confirme clicando no botão *OK*.

> Não é recomendado deixar todos os pontos de precisão ativados ao iniciar um novo desenho. Isso pode gerar confusão, prejudicando o entendimento correto sobre o projeto. Para o início de um desenho, procure habilitar os snaps *Endpoint, Midpoint, Center, Quadrant, Intersection* e *Perpendicular*. A ativação dos demais poderá ser feita conforme a necessidade, no decorrer do processo.

Vale lembrar que na janela *Drafting Settings*, na aba *Object Snap*, temos algumas configurações que podem auxiliar o seu dia a dia. Elas são as descritas a seguir:

- **Object Snap On (F3)**: habilita e desativa a função de pontos de precisão *Osnap*. A mesma função pode ser utilizada pressionando a tecla *F3*.
- **Object Snap Tracking On (F11)**: habilita e desativa a função de projeção de geometrias, com a finalidade de selecionar um ponto virtual no desenho. A mesma função pode ser obtida se pressionada a tecla *F11*.
- **Select All**: ativa todos os pontos de precisão no campo *Object Snap modes*.
- **Clear All**: desabilita todos os pontos de precisão no campo *Object Snap modes*.

Configurando Osnap *pelo botão direito do mouse*

1. Durante o processo de desenho, mantenha a tecla *Shift* pressionada e pressione, também, o botão direito do mouse.

2. A cascata de opções com todos os snaps será apresentada. Selecione o ponto de precisão desejado.

3. Ao ser selecionado o snap desejado na cascata de opções, o AutoCAD apresentará no desenho somente os pontos correspondentes ao item desejado. Por exemplo, caso selecione o item *Center*, o AutoCAD apresentará somente os pontos de *Center* em seu desenho.

4. Ao finalizar a seleção do ponto na área de trabalho do AutoCAD, as configurações do grupo *Object Snap modes* serão mantidas como anteriormente, e não são adicionados ou removidos os snaps selecionados nesse processo.

Tipos de snaps de precisão e suas funções

Quando estamos aprendendo a trabalhar com o AutoCAD e começando os nossos primeiros desenhos, é difícil memorizar ou até mesmo saber para que serve cada snap de precisão.

Para ajudar nessa etapa, vamos explicar os 14 tipos de pontos de precisão que podem ser ativados em seu arquivo:

- **Endpoint**: seleciona a extremidade de geometrias existentes em seu desenho. Esse snap pode também selecionar vértices de polígonos ou mesmo os pontos finais de um arco ou de uma polilinha (polyline). Com o processo de seleção ativado, se o mouse for passado próximo à extremidade de alguma geometria, o símbolo de *Endpoint* será apresentado no formato de um quadrado.

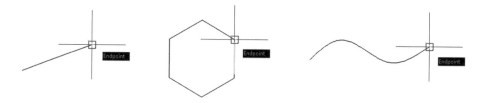

- **Midpoint**: seleciona o meio de geometrias existentes em seu desenho. Você pode selecionar o meio de linhas, polígonos, arcos e geometrias como splines (no lado direito da figura). Com o processo de seleção ativado, se você passar o mouse próximo ao meio de alguma geometria, o símbolo de *Midpoint* será apresentado no formato de um triângulo.

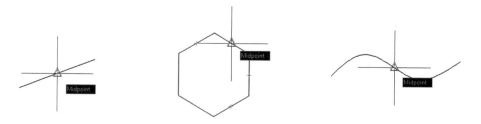

- **Center**: seleciona o ponto central de geometrias como círculos, arcos, elipses e cantos arredondados, entre outros.

 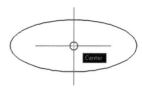

- **Geometric Center**: seleciona o ponto central de geometrias criadas com o auxílio dos comandos *Rectangle*, *Polygon*, *Polyline* e *Spline*. Para que essa função seja efetiva, a geometria deverá estar fechada, não havendo vértices abertos.

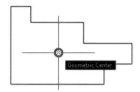 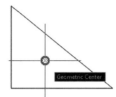 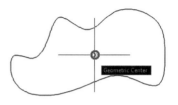

- **Node**: seleciona pontos em geometrias que foram referenciadas pelo comando *Point* ou pelo comando *Divide*. Esse recurso também permite a seleção dos pontos de referenciamento de cotas e dos pontos de origem de textos.

- **Quadrant**: seleciona o ponto de quadrante de geometrias circulares. O quadrante é o ponto exato de interseção da geometria com os eixos cartesianos X e Y, havendo, assim, um ângulo de 90° entre cada referência de quadrante. No caso de um círculo, ele apresentará quatro pontos de quadrantes, com 90° entre eles.

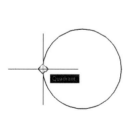  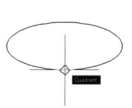

- **Intersection**: seleciona o ponto de interseção entre duas geometrias. Caso as extremidades de duas geometrias estejam no mesmo ponto, o AutoCAD também interpretará como uma interseção.

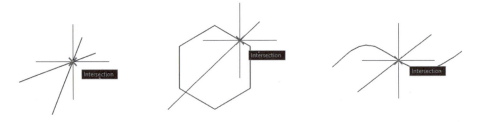

Outra forma de utilizar o *Intersection* é pelo sistema de interseção cruzada. Para isso, quando for solicitada a seleção de um ponto, ative a seleção de *Osnap* pelo botão direito do mouse e selecione o item *Intersection*. Selecione a geometria base; ao passar o mouse na geometria secundária, um ponto de interseção será mostrado exatamente onde os dois itens vão se cruzar (o que poderá ser fora das duas geometrias).

- **Extension**: seleciona um ponto de precisão baseado na extensão da geometria de referência, que pode ser uma linha ou um arco.

O ponto de precisão *Extension* não funciona para geometrias criadas pelo comando *Spline* ou no módulo de vista em perspectiva isométrica.

- **Insert**: seleciona o ponto de inserção de atributos, textos e blocos.

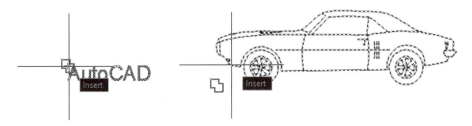

- **Perpendicular**: seleciona o ponto de precisão perpendicular entre duas geometrias, formando um ângulo reto entre os dois objetos. Essa função também pode ser utilizada para o posicionamento entre duas geometrias, em que o ponto final forma um ângulo reto com o ponto base inicial.

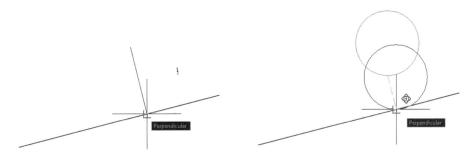

- **Tangent**: seleciona pontos de precisão que façam tangências com geometrias como círculos, arcos, linhas, polilinhas e elipses, entre outros objetos.

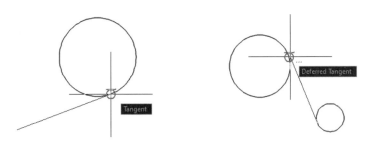

Caso utilize o processo de seleção de *Osnap* pelo botão direito do mouse, você poderá selecionar geometrias circulares, e automaticamente o segundo ponto de tangência será corrigido, com base no ponto inicial. No ponto de tangência, será apresentada a seleção de *Deferred Tangent*.

- **Nearest**: seleciona um ponto qualquer nas geometrias desenhadas.

Com a finalidade de facilitar os trabalhos iniciais, é recomendado que esse snap seja desabilitado, para evitar erros de seleções equivocadas.

- **Apparent intersect**: seleciona o ponto de precisão de interseção aparente entre dois objetos que estão no plano 3D. Esse item também pode ser utilizado como criação de uma projeção aparente no plano de trabalho 2D, tornando-se uma interseção aparente estendida.

- **Parallel**: seleciona o ponto de precisão paralelo entre duas linhas, polilinhas e outras geometrias.

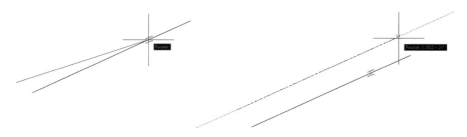

Um exemplo de utilização ocorre na criação de uma nova linha, que deve ser paralela a um desenho já existente. Para isso, movimente o mouse próximo à referência que deseja utilizar e aguarde o símbolo de *Parallel*. Movimente o mouse novamente. Uma linha de projeção paralela infinita será criada para ajudar a referenciar o seu desenho. Selecione o ponto desejado para finalizar a criação de geometrias paralelas.

Ferramenta Autosnap (Object Snap Tracking)

Na criação de geometrias no AutoCAD, podemos contar com o recurso *Object Snap Tracking*, mais conhecido como *Autosnap*, que confere mais precisão e agilidade à etapa de seleção de novos pontos.

Com esse recurso, conseguimos projetar linhas e pontos no plano de trabalho, mesmo que os itens não existam, ou seja, selecionar um ponto de interseção com base somente na projeção de dois pontos distantes e que não estejam interseccionados.

Ativando a opção Autosnap

1. Na barra de status (parte inferior do AutoCAD), selecione o botão *Object Snap Tracking*. Ao ser ativado, o ícone do comando ficará azul, e, na linha de comando, aparecerá a frase "Command: <Osnap Snap Tracking on>".

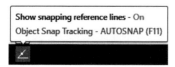

2. Caso precise desabilitar, selecione de novo o botão *Object Snap Tracking*. O botão ficará cinza, e a linha de comando trará a informação "Command: <Osnap Snap Tracking off>".

 Para ativar e desativar *Autosnap* pelo atalho de teclado, pressione *F11*, alternando em liga e desliga. Não é necessário confirmar com *Enter*, e você pode usar o atalho durante o processo de desenho, sem interromper os comandos de criação.

Exemplo de utilização do recurso Autosnap

Na atividade a seguir, encontraremos o ponto central de uma geometria, utilizando somente os pontos de precisão de projeção criados no desenho.

1. Com o desenho de um retângulo de 30 unidades por 60 unidades já criado na área de trabalho, ative o comando *Line*.

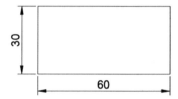

2. Movimente o mouse para o ponto de precisão *Midpoint* na primeira linha vertical (30 unidades).
3. Sem clicar no ponto de precisão, movimente o ponteiro para o sentido da direita de sua área de trabalho do AutoCAD. Note que automaticamente será exibida uma linha tracejada e alinhada ao ponto de precisão *Midpoint*.
4. Repita o processo com a linha horizontal inferior e movimente o mouse para o sentido vertical. Uma nova projeção com uma linha tracejada será apresentada no sentido vertical.

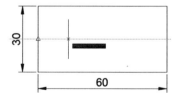 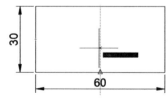

5. Ao localizar o ponto de interseção entre os dois pontos de precisão (o ponto do meio da linha vertical e o ponto do meio da linha horizontal), clique com o botão esquerdo do mouse.

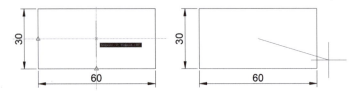

6. Direcione o cursor do mouse para a direção e o sentido mais adequados ao seu projeto e informe a dimensão necessária para a linha.

Ferramenta *Polar Tracking*

A função *Polar Tracking* permite executar geometrias com referências angulares predefinidas com base nos eixos X e Y do sistema UCS. Isso facilita o trabalho quando estamos desenhando com o sistema de *Orthomode* desligado, ou seja, com o movimento do mouse livre em qualquer direção.

As definições podem ser ajustadas com base em suas necessidades (por exemplo, ângulos de 20° em 20°), ou até com valores padronizados (0°, 45°, 90°, entre outros).

Podemos ajustar e ativar o sistema *Polar*:

- pela barra de status;
- pela janela de configuração *Drafting Settings*.

Ativando a opção Polar

1. Na barra de status (parte inferior do AutoCAD), selecione o botão *Polar Tracking*. O ícone do comando ficará azul, e na linha de comando aparecerá a frase "Command: <Polar on>".

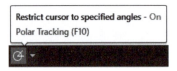

2. Caso precise desabilitar, selecione novamente o botão *Polar Tracking*. O AutoCAD deixará o botão cinza, e na linha de comando aparecerá "Command: <Polar off>".

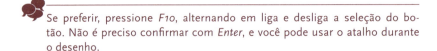

Se preferir, pressione *F10*, alternando em liga e desliga a seleção do botão. Não é preciso confirmar com *Enter*, e você pode usar o atalho durante o desenho.

Configurando Polar *pela barra de status*

1. Na barra de status (parte inferior do AutoCAD), clique com o botão direito do mouse na opção *Polar* ou clique na seta à direita. Todas as opções dos incrementais predefinidos para os ângulos serão apresentadas em sua forma simplificada. Por exemplo, a opção *5, 10, 15, 20...* representa o incremental de 5° em 5°; a opção *30, 60, 90, 120...* representa a opção do incremental de 30° em 30°, e assim por diante.

2. Selecione a opção mais adequada ao seu projeto e retorne para a área de trabalho do AutoCAD.

Dessa forma, uma vez desenhadas geometrias com o sistema *Orthomode* desligado, o AutoCAD, quando encontrar uma referência angular com base na configuração do sistema *Polar*, apresentará uma linha tracejada, indicando a concordância exata entre o objeto e um dos ângulos definidos.

Configurando Polar *pela janela de configuração* Drafting Settings

1. Na barra de status (parte inferior do AutoCAD), clique com o botão direito do mouse em cima do ícone da opção *Polar* ou na seta à direita dele.
2. Clique na opção *Tracking Settings...* A janela *Drafting Settings* aparecerá com a aba *Polar Tracking* ativada.

Para ativar a janela *Polar Tracking* pelo atalho de teclado, com a linha de comando livre e com a frase "Type a command", digite "OS" e pressione *Enter*. Selecione a aba *Polar Tracking* e execute os ajustes necessários.

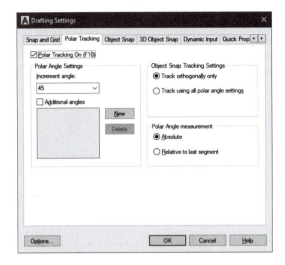

3. Dentro do grupo *Polar Angle Settings*, você pode alterar a configuração do incremental dos ângulos para o sistema de referência. No campo *Increment angle*, selecione a seta do lado direito e, na cascata de opções, escolha o ângulo desejado.

4. Após os ajustes, confirme clicando em *OK*.

> Você pode também criar um sistema de incremental. Ative a caixa de seleção que aparece ao lado de *Additional angles*, clique no botão *New* e informe o ângulo que deseja para utilização no sistema *Polar*. Se necessário, você poderá excluir uma das configurações que criou. Basta selecioná-la e clicar no botão *Delete*.

Vale lembrar que na janela *Drafting Settings*, na aba *Polar Tracking*, temos algumas configurações que podem auxiliar no seu dia a dia, como as explicadas a seguir:

- **Object Snap Tracking Settings**:
    - *Track orthogonally only*: seleciona somente as referências para rastreamento ortogonal, sendo assim ângulos retos (horizontal e vertical). Essa configuração depende do ajuste da variável *Polarmode*.
    - *Track using all polar angle settings*: seleciona as referências para rastreamento com base em todos os ângulos configurados no sistema *Polar*. Essa configuração depende do ajuste da variável *Polarmode*.
- **Polar Angle measurement**:
    - *Absolute*: utiliza como sistema de referência para os ângulos a coordenada 0,0 do sistema UCS configurada no momento.
    - *Relative to last segment*: utiliza, como sistema de referência para os ângulos, o último segmento ou geometria desenhados.

Ferramenta Dynmode

A função *Dynamic Input* auxilia na criação de geometrias, mostrando no cursor do mouse informações sobre o comando ativo no momento, além de campos de preenchimento dimensional linear ou angular.

Ativando a opção Dynmode

1. Na barra de status (parte inferior do AutoCAD), selecione o botão *Dynamic Input*. Ele ficará azul. Nessa configuração, o AutoCAD não informará, na linha de comando, se ele foi ativado ou não.

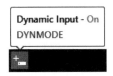

2. Caso seja necessário desabilitar, repita o processo, selecionando novamente o botão *Dynamic Input*.

Para ativar e desativar *Dynmode* pelo teclado, pressione *F11*. Não é preciso confirmar usando o *Enter*, e você pode utilizar esse atalho durante o desenho, sem interromper os comandos de criação.

Configurando Dynmode *pela janela de configuração* Drafting Settings

1. Na barra de status (parte inferior do AutoCAD), clique com o botão direito do mouse no ícone da opção *Dynmode*.
2. Clique na opção *Dynamic Input Settings...* A janela *Drafting Settings* vai aparecer com a aba *Dynamic Input* ativada.

 Se preferir, com a linha de comando livre e com a frase "Type a command", digite "OS" e pressione *Enter*. Selecione a aba *Dynamic Input* e execute os ajustes necessários.

Criação de objetos – ferramentas de precisão – 69

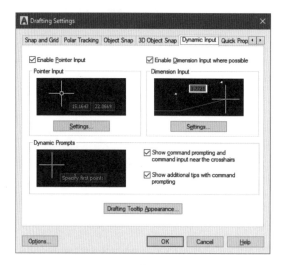

3. No grupo *Pointer Input*, há a caixa de seleção *Enable Pointer Input*, em que você ativará ou desativará a exibição dos pontos de inserção com base no UCS ativo no momento.

4. Se necessário, você poderá também clicar no botão *Settings*, abaixo do grupo *Pointer Input*, e ativar a janela de configuração *Pointer Input Settings*.

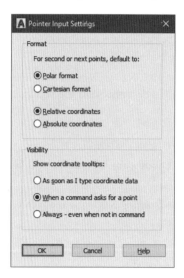

- **Format**:
  - *Polar format*: apresentará as janelas de inserção de formato *Polar*, sendo uma dimensão e um ângulo, com base no UCS utilizado no momento.

- *Cartesian format*: apresentará as janelas de inserção de formato cartesiano. Se necessário, você poderá alterar para o sistema *Polar* (para isso, insira "<" entre as coordenadas).
- *Relative coordinates*: apresentará a janela de inserção de dimensões para o próximo ponto utilizando o sistema cartesiano relativo. Caso queira alterar para o sistema absoluto, sem mudar as configurações, insira "#" antes da coordenada.
- *Absolute coordinates*: apresentará a janela de inserção de dimensões para o próximo ponto, utilizando o sistema cartesiano absoluto com base no UCS utilizado no momento. Para alterar para o sistema relativo, mantendo as configurações, insira "@" antes da coordenada.

- *Visibility*:
  - *As soon as I type coordinate data*: as janelas do campo *Dynmode* serão exibidas somente quando você iniciar a inserção de coordenadas.
  - *When a command asks for a point*: as janelas serão apresentadas sempre que um novo comando solicitar a inserção de um ponto.
  - *Always – even when not in command*: as janelas do campo *Dynmode* estarão ativas mesmo se não houver um comando sendo utilizado. Nesse caso, ele alternará entre informações de comandos e posições referentes ao sistema UCS.

5. No grupo *Dimension Input*, há a caixa de seleção *Enable Dimension Input where possible*, em que você poderá ativar ou desativar a exibição da caixa de dimensões em todas as possibilidades para a inserção das medidas.

6. Caso seja necessário, você poderá, ainda, clicar no botão *Settings*, logo abaixo do grupo *Dimension Input*, e ativar a janela de configuração *Dimension Input Settings*.

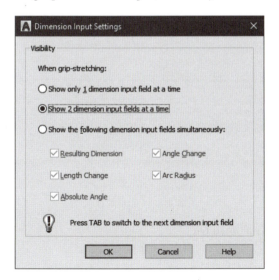

- *Visibility*:
    - *Show only 1 dimension input field at a time*: exibirá somente uma dimensão de comprimento referente à geometria desenhada.
    - *Show 2 dimension input fields at a time*: exibirá duas dimensões em relação à geometria desenhada, podendo ser realizada no método polar ou no cartesiano.
    - *Show the following dimension input fields simultaneously*: exibirá simultaneamente as dimensões conforme as opções configuradas nas caixas de seleção da opção.
7. No campo *Dynamic Prompts*, você poderá configurar o modo como as informações adicionais dos comandos serão apresentadas.
- *Show command prompting and command input near the crosshairs*: exibirá a janela de inserção de dimensões e informações do comando perto do ponteiro do mouse quando um comando for ativado.
- *Show additional tips with command prompting*: exibirá dicas adicionais perto do ponteiro do mouse ao ativar um comando.
8. Havendo necessidade, você poderá ajustar a aparência de janelas, campos e dimensões que o *Dynmode* apresentará no ponteiro do mouse. Selecione o botão *Drafting Tooltip Appearance...*, que aparece abaixo do campo *Dimension Input*. A janela *Tooltip Appearance* será exibida, e nela você poderá ajustar o tamanho, o aspecto de transparência e até mesmo a cor de exibição dos elementos.

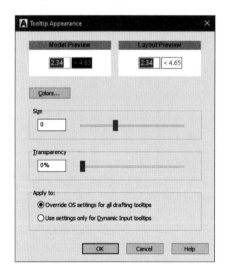

9. Após os ajustes, confirme clicando no botão *OK*.

Anotações

Anotações

4
Comandos para a criação de objetos

OBJETIVOS

» Conhecer as funções dos comandos *Line, Polyline, Spline, Donut, Revision Cloud* e *Hatch*

» Aprender a executar esses comandos

Comando Line

O comando *Line*, um dos mais importantes do AutoCAD, é usado para criar linhas simples, com as dimensões e as posições exatas de seu desenho.

Com esse comando, podemos desenhar qualquer objeto: as arestas de peças de um conjunto mecânico, as paredes de uma casa com todos os detalhes arquitetônicos, a fuselagem de um foguete... qualquer objeto. Para executar o comando *Line*, siga estas instruções:

1. No menu *Ribbon*, acesse a aba *Home*.
2. Dentro do grupo *Draw*, selecione o ícone do comando *Line*. Você também pode ativar o comando pela linha de comando, digitando a palavra "line", ou simplesmente a letra "L", e confirmando com a tecla *Enter*. A linha de comando informará "Specify first point".

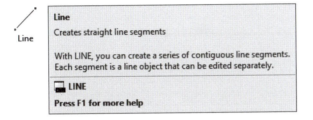

3. Na área de trabalho do AutoCAD, selecione o primeiro ponto para a criação da linha, ou informe a coordenada absoluta referente ao WCS ou ao UCS. Após a seleção do primeiro ponto, a linha de comando informará "Specify next point or [Undo]", solicitando que seja inserido o segundo ponto dessa linha.
4. Posicione o mouse na direção desejada e digite, na linha de comando, a dimensão necessária ou a coordenada absoluta/relativa referente à geometria de seu desenho.

 O AutoCAD apresenta diversas formas de manter seu projeto com a precisão necessária, e um recurso muito comum é a ferramenta *Ortho*. Com a opção ativada, as geometrias desenhadas sempre estarão paralelas aos eixos X e Y, gerando, assim, desenhos com ângulos retos. Para ativar e desativar a ferramenta, pressione a tecla *F8* ou, na barra de status, ative o botão *Orthomode*.

5. Após a criação da primeira linha, o AutoCAD solicitará os próximos pontos, até que finalize seu desenho. Continue posicionando o mouse na direção desejada e informe as medidas ou as coordenadas necessárias.
6. Para concluir o comando *Line*, clique em *Enter* ou pressione a tecla *Esc*.

Comando Line – opção Undo

Caso tenha selecionado um ponto com a dimensão ou a posição errada, não é necessário cancelar o comando, basta utilizar o recurso *Undo*, disponível na linha de comando.

Para isso, durante o comando *Line*, digite "U" na linha de comando e confirme com *Enter*. Você também poderá selecionar a opção com o mouse na linha de comando, clicando na palavra "undo".

Outra forma de fazer retroceder a linha desenhada é utilizar os atalhos originários do sistema Windows. Nesse caso, para voltar um ponto que você tenha desenhado errado, ative o atalho *Ctrl + Z*, desfazendo as informações anteriores. Essa opção não cancela ou finaliza o comando *Line*.

Comando Line – opção Close

A opção *Close* permite concluir facilmente seu desenho. Ao ativar o comando, você poderá unir o último ponto da linha desenhada com o primeiro ponto selecionado.

Com o comando *Line* ativado, digite "C" na linha de comando e confirme com *Enter*. Você também pode clicar com o mouse na palavra "close" na linha de comando.

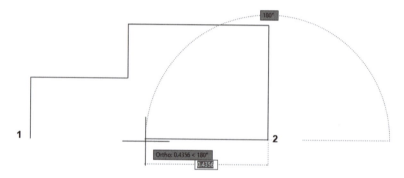

- **1:** ponto inicial do desenho.
- **2:** último ponto desenhado com o comando *Line*.

A opção *Close* só funciona na sequência ativa do comando. Assim, caso finalize o comando, ative o comando *Line* novamente e recomece em outro ponto de precisão (snap) existente em seu projeto. O AutoCAD não considerará as geometrias já apresentadas em sua área de trabalho.

Exercício

Para avançar no estudo, acesse o arquivo "Comando *Line* – prática", no material disponibilizado no link informado na página 11.

Comando POLYLINE

O comando *Polyline* cria uma geometria interligada entre si. Diferentemente do que ocorre no comando *Line*, suas geometrias são interligadas pelos vértices. Isso facilita o processo de edição – por exemplo, na utilização do comando *Offset*, na movimentação e no comando de verificação de medidas de ponta a ponta, entre outros.

Em alguns comandos, como *Rectangle*, *Polygon* e *Circle*, o processo de polilinha é criado automaticamente. Nesses casos, não há necessidade de gerar união entre os vértices.

Nas situações em que é preciso executar o comando *Polyline*, siga estas instruções:

1. No menu *Ribbon*, acesse a guia *Home*.

2. Dentro do painel *Draw*, selecione o ícone do comando *Polyline*. Você também pode ativar o comando pela linha de comando, digitando a palavra "polyline", ou a sigla "PL", e confirmando com *Enter*. A linha de comando informará "PLINE Specify start point".

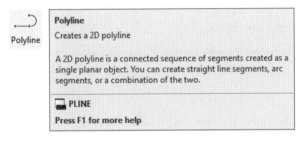

3. Na área de trabalho do AutoCAD, selecione o primeiro ponto para a criação da linha ou informe a coordenada absoluta referente ao WCS ou ao UCS. Após a seleção do primeiro ponto, a linha de comando informará "PLINE Specify next point or [Arc/Halfwidth/Length/Undo/Width]:", solicitando o segundo ponto dessa polilinha.

4. Posicione o mouse na direção desejada e digite, na linha de comando, a dimensão necessária ou a coordenada absoluta/relativa referente à geometria de seu desenho.

5. Após a criação do primeiro segmento da polilinha, o AutoCAD solicitará os próximos pontos, até que você finalize seu desenho. Continue posicionando o mouse na direção desejada e informe as medidas ou as coordenadas necessárias ao seu projeto.

6. Para concluir o comando *Polyline*, clique na tecla *Enter* ou pressione *Esc*.

Comando Polyline – *opções e configurações de criação*

Durante a execução do comando *Polyline*, você pode ajustar a forma construtiva sem cancelar ou alterar o comando. É possível alterar a espessura e alterar para a criação de arco, entre outros recursos.

Após informar o primeiro ponto ou criar o primeiro segmento da polilinha, a linha de comando informará "PLINE Specify next point or [Arc/Close/Halfwidth/Length/Undo/Width]". Essas opções têm funções distintas, como explicado a seguir:

- **Arc**: altera para a criação de segmentos de arcos tangentes ao segmento criado anteriormente.
- **Close**: finaliza o desenho, fechando a geometria com base no primeiro ponto inserido na criação dessa geometria. Tal opção só será habilitada após a criação do primeiro segmento da polilinha.
- **Halfwidth**: especifica a largura inicial e a final de um segmento.
- **Length**: especifica o comprimento do próximo segmento, com base no alinhamento existente com o segmento anterior.
- **Undo**: desfaz o último segmento desenhado.
- **Width**: especifica a largura do segmento a ser criado. Nesta opção, não há variação na extensão da largura, isto é, ela será fixa.

Comando Polyline – *opção* Arc

A opção *Arc* permite a criação de segmentos de arcos tangentes ao segmento de polilinha criado anteriormente.

1. Após ativar o comando *Polyline* e especificar o ponto inicial, a linha de comando apresentará as opções "PLINE Specify next point or [Arc/Halfwidth/Length/Undo/Width]:". Clique na palavra "arc" ou digite a letra "A" e confirme com *Enter*. Caso digite a palavra "arc" e confirme com *Enter*, a opção também será ativada.
2. Na linha de comando, aparecerá a frase "PLINE [Angle/Center/Close/Direction/Halfwidth/Line/Radius/Second pt/Undo/Width]:". Selecione entre as opções apresentadas a seguir:

- **Angle**: informa o ângulo interno com base no ponto inicial do segmento de arco. Nesse caso, o sentido do segmento de arco poderá ser alterado utilizando o sinal de positivo ("+"), para sentido anti-horário, e o de negativo ("-"), para sentido horário.
- **Center**: cria um segmento de arco, utilizando como base um ponto central.
- **Close**: finaliza o comando e faz o fechamento do último ponto com o primeiro ponto criado.
- **Direction**: especifica a direção para a tangência do segmento de arco.

- *Halfwidth*: permite criar um segmento de arco com larguras diferentes entre suas extremidades, que podem ser mais estreitas no início e mais largas no final. Se no próximo segmento de arco a dimensão da largura não for alterada, será mantida a largura final do último segmento.
- *Line*: retorna para a criação de segmentos de linha.
- *Radius*: especifica a dimensão do raio do segmento de arco.
- *Second pt*: ativando essa opção, você deverá selecionar, na área de trabalho, um segundo ponto, que será a concordância do segmento de raio. Dessa forma, será criado um segmento de arco que inicia no último ponto da polilinha e é tangente ao ponto selecionado.
- *Undo*: desfaz o último segmento de arco desenhado.
- *Width*: especifica a largura do segmento de arco a ser criado. Nesta opção, não há variação na extensão da largura.

Comando Polyline – *opção* Close

A opção *Close* finaliza o desenho com o comando *Polyline*, fechando a geometria com base no primeiro ponto inserido em sua criação. Vale lembrar que essa opção só será habilitada após a criação do primeiro segmento da polilinha.

1. Após executar um segmento de linha com o comando *Polyline*, a linha de comando apresentará as opções "PLINE Specify next point or [Arc/Halfwidth/Length/Undo/Width]:".
2. Clique na palavra "close", ou digite a letra "C", e confirme com *Enter*. Caso digite a palavra "close" e confirme com a tecla *Enter*, a opção também será ativada. Um segmento de linha será criado com base no último ponto criado até o primeiro ponto do segmento de polilinha.
3. Após fechar a geometria, o comando *Polyline* será concluído e finalizado.

Exercício

Avance no estudo do comando *Polyline*. Para aprender a ativar e utilizar as opções *Halfwidth*, *Length*, *Undo* e *Width*, acesse o arquivo "Comando *Polyline* – opções e configurações de criação", no material disponibilizado no link informado na página 11.

COMANDO *SPLINE*

O comando *Spline* permite a criação de uma geometria curva, com raios suaves e tangentes entre si. Existem dois métodos para a criação de splines, apresentados a seguir:

- *Spline Fit*: cria uma basis spline (B-Spline) de grau 3. Para executar esse comando, você especifica os pontos de ajuste (que são os pontos pelos quais a geometria deve passar).

- **Spline CV**: cria uma spline de grau 1 até grau 10, em que os vértices são os pontos. Assim, para ajustá-los, você precisa movimentar e alterar a posição dos vértices com a finalidade de encontrar uma nova geometria para o desenho.

Comando Spline – Spline Fit

1. No menu *Ribbon*, dentro da guia *Draw*, selecione a seta que fica ao lado do nome do painel *Draw*. Alguns comandos que estão ocultos aparecerão; entre eles, o comando *Spline Fit*.

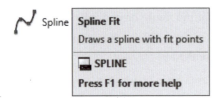

2. Selecione o ícone do comando *Spline Fit*. Você também pode ativá-lo pela linha de comando, digitando a palavra "spline", ou simplesmente a sigla "SPL", e confirmando com a tecla *Enter*.

> Caso habilite o comando *Spline* pela linha de comando, faça a alteração entre os métodos *Fit* e *Control Vertices* por meio da opção *Method*. Para isso, clique na palavra "method" ou digite a letra "M" e confirme com *Enter*. O AutoCAD solicitará que você escolha entre os métodos, "Enter spline creation method [Fit/CV]:". Selecione a opção *Fit* ou digite a letra "F" e confirme com *Enter*.

3. A linha de comando informará "SPLINE Specify first point or [Method/Knots/Object]:", solicitando os pontos de referência para a construção da geometria. Na área de trabalho do AutoCAD, clique no primeiro ponto de precisão para a criação da geometria.

4. A linha de comando informará "SPLINE Enter next point or [Start Tangency/toLerance]:", solicitando, assim, os próximos pontos para a geometria. Repita essa etapa até concluir as seleções dos pontos e, para finalizar, confirme pressionando *Enter*.

Comando Spline – Spline CV

1. No menu *Ribbon* e dentro da guia *Draw*, selecione a seta que fica ao lado do nome do painel *Draw*. Alguns comandos que estão ocultos vão aparecer; entre eles, o comando *Spline CV*.

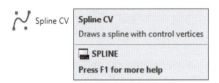

2. Selecione o ícone do comando *Spline CV*. Você também pode ativar o comando pela linha de comando, digitando a palavra "spline", ou simplesmente a sigla "SPL", e confirmando com a tecla *Enter*.

> Caso habilite o comando *Spline* pela linha de comando, faça a alteração entre os métodos *Fit* e *Control Vertices* por meio da opção *Method*. Para isso, clique na palavra "method" ou digite a letra "M" e confirme com *Enter*. O AutoCAD solicitará que você escolha entre os métodos, "Enter spline creation method [Fit/CV]". Selecione a opção *CV* ou digite a sigla "CV" e confirme com *Enter*.

3. A linha de comando informará "SPLINE Specify first point or [Method/Knots/Object]:", solicitando, assim, os pontos de referência para a construção da geometria.

4. Na área de trabalho do AutoCAD, clique no primeiro ponto de precisão para a criação da geometria.

5. A linha de comando informará "SPLINE Enter next point or [start Tangency/toLerance]:", solicitando, assim, os próximos pontos para a geometria.

6. Repita essa etapa até concluir as seleções dos pontos e, para finalizar, confirme pressionando a tecla *Enter*.

Exercício

Para aprender a construir a forma geométrica de dois círculos concêntricos, formando um anel, acesse o arquivo "Comando *Donut*", no material disponibilizado no link informado na página 11.

COMANDO *REVISION CLOUD*

É muito comum, dentro de equipes de projetos, ou até mesmo em projetos que estão em desenvolvimento, que sejam executadas modificações e melhorias. O comando *Revision Cloud* auxilia diretamente na organização dessa atividade.

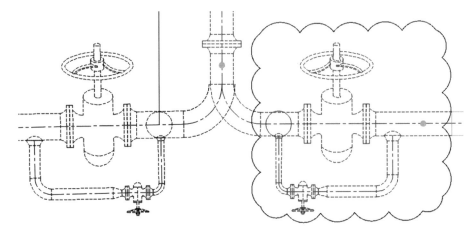

Com ele, conseguimos criar um balão de revisão, dando destaque para uma região do desenho. Temos três formas de utilizar o comando *Revision Cloud*:

- *Rectangular*;
- *Polygonal*;
- *Freehand*.

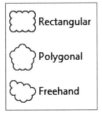

Comando Revision Cloud – Rectangular

A opção *Revision Cloud – Rectangular* cria uma nuvem de revisão com o formato de um quadrilátero.

1. Dentro da guia *Draw*, selecione a seta que fica ao lado do nome do painel *Draw*. Alguns comandos que estão ocultos vão aparecer; entre eles, o *Revision Cloud*.
2. Clique na seta do lado direito do comando e selecione a opção *Rectangular*.

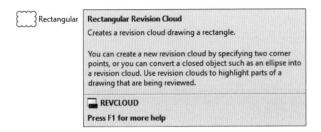

3. Na área de trabalho do AutoCAD, clique no primeiro ponto em que desejar executar a nuvem de revisão. Para facilitar, imagine que ela terá o formato retangular, portanto, basta clicar no vértice inferior da geometria.
4. Movimente o cursor do mouse para o vértice oposto e verifique a dimensão necessária do balão de revisão em seu desenho.

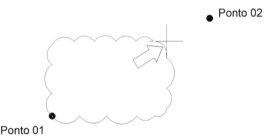

5. Para finalizar, clique novamente para gerar um balão de revisão que esteja de acordo com a sua necessidade.

Exercício

Avance no estudo do comando *Revision Cloud*. Para aprender a ativar e utilizar a opção *Polygonal* (que cria uma nuvem de revisão com o formato de um polígono) e a *Freehand* (a fim de obter uma nuvem de revisão com o formato livre), acesse o arquivo "Comando *Revision Cloud* – opções", no material disponibilizado no link informado na página 11.

Comando Hatch

O comando *Hatch* tem a finalidade de criar, em regiões fechadas, um padrão de preenchimento e, conforme for a necessidade de seu projeto, representar o tipo de material, ou até mesmo a criação de uma textura em um determinado ponto do desenho.

É muito comum, nas áreas técnicas, utilizar o *Hatch* para representar cortes, e para isso devemos seguir corretamente os padrões de normas e especificações técnicas.

O comando *Hatch* pode ser acessado:

- por atalho pela linha de comando;
- pelo menu *Ribbon*.

Para utilizar corretamente o comando *Hatch*, execute os passos a seguir:

1. No menu *Ribbon*, dentro do painel *Draw*, selecione o comando *Hatch*. Você também pode ativá-lo pela linha de comando, digitando a palavra "Hatch", ou a letra "H", e confirmando com a tecla *Enter*.

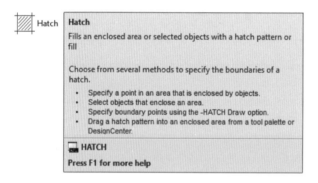

2. Uma nova guia será demonstrada em destaque no menu *Ribbon*, mostrando todas as opções disponíveis para a criação da hachura.

3. No painel *Boundaries*, você ativará a forma de seleção da região, lembrando que, para o perfeito funcionamento do comando, é recomendado que a região selecionada esteja com os vértices completamente "fechados".

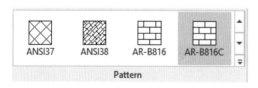

86 – AutoCAD: projetos em 2D e recursos adicionais

- **Pick points**: permite a escolha de um determinado ponto dentro do objeto a ser hachurado.
- **Select**: seleciona o objeto ou linha externa/limites do objeto a ser hachurado.

4. O painel *Pattern* permite selecionar entre os diversos padrões de preenchimento existentes. Clique nas setas ao lado do grupo para visualizar as opções.

5. O painel *Properties* permite aplicar ou editar as características da hachura, conforme explicado a seguir.

- **Hatch Type**: permite a criação de uma hachura sólida, gradiente, de padrão predefinido.
- **Hatch Color**: altera a cor da hachura, a qual pode ser a mesma do *Layer*.
- **Background Color**: altera a cor do plano de fundo da hachura.
- **Hatch Transparency**: cria o efeito de transparência, deixando a hachura translúcida, podendo ir do fator 0% (totalmente visível) a 90% (somente 10% visível).
- **Hatch Angle**: altera o ângulo do padrão selecionado e permite rotacioná-lo, a fim de que seja encontrada a melhor posição para seu desenho.
- **Hatch Pattern Scale**: altera a escala do padrão selecionado.
- **Layer**: seleciona o layer para a criação da hachura.

6. No painel *Origin*, podemos escolher o ponto de início da hachura. Habilitando a opção *Set Origin*, selecione, na área de trabalho, um ponto de precisão para a referência de ponto inicial da hachura. Você ainda pode atualizar as opções predefinidas, como canto inferior esquerdo ou direito, canto superior esquerdo ou direito, centro do objeto e origem do objeto.

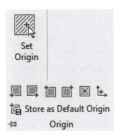

7. No painel *Options*, temos as opções explicadas a seguir.

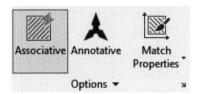

- **Associative**: ativa a associação da hachura com o objeto. Quando essa opção está ativa, qualquer ajuste no objeto será também refletido na hachura; do contrário, a hachura deverá ser ajustada manualmente por meio do grips.
- **Annotative**: permite o ajuste automático da escala da hachura, conforme o ajuste da escala de viewport, que deve ser modificado conforme o padrão do desenho.
- **Match Properties**: permite copiar características de configuração, padrões, entre outras características, de uma hachura para outra.

8. Após finalizar todas as seleções e configurações, selecione o botão *Close* ou pressione a tecla *Enter*, para concluir o comando.

Anotações

Anotações

5
Comandos de figuras geométricas planas

OBJETIVOS

» Conhecer as funções dos comandos *Circle*, *Arc*, *Rectangle*, *Polygon* e *Ellipse*
» Aprender a executar esses comandos

Comando Circle

Entre os diversos comandos utilizados no AutoCAD, o comando *Circle* é um dos mais importantes no processo de criação de círculos. Temos seis formas de utilizá-lo:

- *Center, Radius*;
- *Center, Diameter*;
- *2-Point*;
- *3-Point*;
- *Tan, Tan, Radius*;
- *Tan, Tan, Tan*.

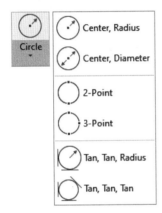

Comando Circle – Center, Radius

O comando *Circle – Center, Radius* executa um círculo com base em um ponto central e a dimensão do raio (metade da dimensão do diâmetro).

1. No menu *Ribbon*, acesse a aba *Home* e, dentro do grupo *Draw*, habilite a cascata de opções clicando na seta abaixo do ícone do comando *Circle*.

2. Selecione a opção *Center, Radius*. Você também pode ativar o comando pela linha de comando, digitando a palavra "circle", ou simplesmente a letra "C", e confirmando com a tecla *Enter*.

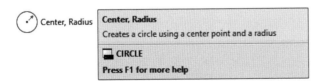

3. A linha de comando informará "CIRCLE Specify center point for circle or [3P/2P/Ttr (tan tan radius)]:", solicitando o ponto de precisão para o centro do círculo.

4. Na área de trabalho do AutoCAD, selecione o ponto central para a criação do círculo, ou informe a coordenada absoluta referente ao WCS ou UCS.

5. O AutoCAD informará "CIRCLE Specify radius of circle or [Diameter]:", solicitando, assim, a dimensão do raio para o círculo de seu projeto.

6. Informe para o AutoCAD a dimensão necessária e confirme com a tecla *Enter*.

Comando Circle – Center, Diameter

O comando *Circle – Center, Diameter* executa um círculo com base em um ponto central e a dimensão do diâmetro.

1. No menu *Ribbon*, acesse a aba *Home* e, dentro do grupo *Draw*, habilite a cascata de opções clicando na seta abaixo do ícone do comando *Circle*.

2. Selecione a opção *Center, Diameter*. Você também pode ativar o comando pela linha de comando, digitando a palavra "circle", ou simplesmente a letra "C", e confirmando com a tecla *Enter*.

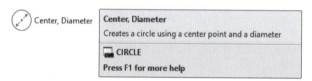

3. A linha de comando informará "CIRCLE Specify center point for circle or [3P/2P/Ttr (tan tan radius)]:", solicitando o ponto de precisão para o centro do círculo.

4. Na área de trabalho do AutoCAD, selecione o ponto central para a criação do círculo, ou informe a coordenada absoluta referente ao WCS ou UCS.

5. O AutoCAD informará "CIRCLE d Specify diameter of circle:", solicitando, assim, a dimensão do raio para o círculo de seu projeto.

 Caso o comando *Circle* tenha sido habilitado pela linha de comando, o AutoCAD não interpretará que você deseja executar a geometria com base na dimensão de diâmetro. Dessa forma, quando for solicitado "Specify radius of circle or [Diameter]", clique na palavra "Diameter" ou digite a letra "D" e confirme com a tecla *Enter*.

6. Informe para o AutoCAD a dimensão necessária e confirme com a tecla *Enter*.

Comando Circle – 2-Point

O comando *Circle – 2-Point* executa um círculo com base na seleção de dois pontos de precisão existentes em seu projeto.

1. No menu *Ribbon*, acesse a aba *Home* e, dentro do grupo *Draw*, habilite a cascata de opções, clicando na seta abaixo do ícone do comando *Circle*.

2. Selecione a opção *2-Point*. Você também pode ativar o comando pela linha de comando, digitando a palavra "circle" ou a letra "C", e confirmando com a tecla *Enter*.

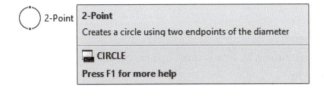

 Caso o comando *Circle* tenha sido habilitado pela linha de comando, o AutoCAD não interpretará que você deseja executar a geometria com base na posição de dois pontos. Dessa forma, quando for solicitado "Specify center point for circle or [3P/2P/Ttr (tan tan radius)]:", clique na opção *2P* ou digite a sigla "2P" e confirme com a tecla *Enter*.

3. A linha de comando informará "CIRCLE _2p Specify first end point of circle's diameter", solicitando o primeiro ponto de precisão para a criação do círculo com base em dois pontos.

4. Na área de trabalho do AutoCAD, selecione o primeiro ponto de precisão do círculo, ou informe a coordenada absoluta referente ao WCS ou UCS.

5. Novamente na linha de comando, verifique que ela informará "CIRCLE Specify second end point of circle's diameter:", solicitando o segundo ponto de precisão para a criação do círculo.

6. Na área de trabalho do AutoCAD, selecione o segundo ponto de precisão do círculo, ou informe a coordenada absoluta referente ao WCS ou UCS.

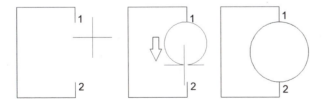

7. Após a seleção do segundo ponto, um círculo será criado com base nos dois pontos selecionados. O diâmetro corresponderá à distância entre os dois pontos.

Exercício

Para aprender a executar as opções *3-Point*, *Tan, Tan, Radius* e *Tan, Tan, Tan*, acesse o arquivo "Comando *Circle* – opções", no material disponibilizado no link informado na página 11.

Comando Arc

Para a construção de arcos no AutoCAD, temos onze formas de utilizar o comando *Arc*:

- *3-Point*;
- *Start, Center, End*;
- *Start, Center, Angle*;
- *Start, Center, Length*;
- *Start, End, Angle*;
- *Start, End, Direction*;
- *Start, End, Radius*;
- *Center, Start, End*;
- *Center, Start; Angle*;
- *Center, Start, Length*;
- *Continue*.

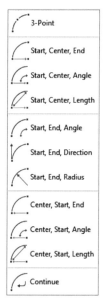

Comando Arc – 3-Point

O comando *Arc – 3-Point* executa um arco com base na seleção de três pontos de referência.

1. No menu *Ribbon*, acesse a aba *Home* e, dentro do grupo *Draw*, habilite a cascata de opções, clicando na seta abaixo do ícone do comando *Arc*.

2. Selecione a opção *3-Point*. Você também pode ativar o comando pela linha de comando, digitando a palavra "arc", ou simplesmente a letra "A", e confirmando com a tecla *Enter*.

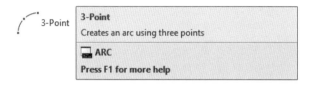

3. A linha de comando informará "ARC Specify start point of arc or [Center]:", solicitando o primeiro ponto de precisão para a criação do arco.

4. Na área de trabalho do AutoCAD, selecione o primeiro ponto de referência para a criação do arco, ou informe a coordenada absoluta referente ao WCS ou UCS.

5. Novamente na linha de comando, será informado "ARC Specify second point of arc or [Center/End]:", solicitando o segundo ponto de precisão para a criação do arco.

6. Selecione o segundo ponto de referência para a criação do arco, ou informe a coordenada absoluta referente ao WCS ou UCS.

7. Para finalizar, a linha de comando informará "ARC Specify end point of arc", solicitando o terceiro e último ponto de precisão para a criação do arco.

8. Selecione o terceiro ponto de referência para a criação do arco, ou informe a coordenada absoluta referente ao WCS ou UCS.

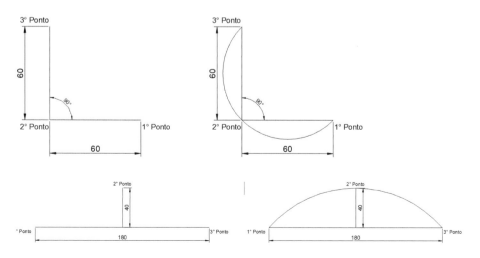

Comando Arc – Start, Center, End

O comando *Arc – Start, Center, End* executa um arco com base na seleção de três pontos de referência. Neste caso, o primeiro é o ponto inicial, o segundo é o centro, e o terceiro, o ponto final.

1. No menu *Ribbon*, acesse a aba *Home* e, dentro do grupo *Draw*, habilite a cascata de opções, clicando na seta abaixo do ícone do comando *Arc*.
2. Selecione a opção *Start, Center, End*. Você também pode ativar o comando pela linha de comando, digitando a palavra "arc", ou simplesmente a letra "A", e confirmando com a tecla *Enter*.

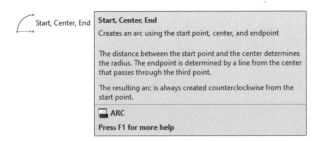

3. A linha de comando informará "ARC Specify start point of arc or [Center]:", solicitando o primeiro ponto de precisão para a criação do arco.
4. Na área de trabalho do AutoCAD, selecione o primeiro ponto de referência para a criação do arco – neste caso, o ponto inicial (*Start*) –, ou informe a coordenada absoluta referente ao WCS ou UCS.
5. Novamente na linha de comando, será informado "ARC Specify center point of arc:", solicitando o segundo ponto de precisão para a criação do arco.

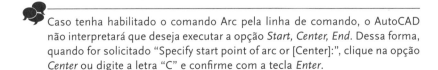

Caso tenha habilitado o comando Arc pela linha de comando, o AutoCAD não interpretará que deseja executar a opção *Start, Center, End*. Dessa forma, quando for solicitado "Specify start point of arc or [Center]:", clique na opção *Center* ou digite a letra "C" e confirme com a tecla *Enter*.

6. Selecione o segundo ponto de referência para a criação do arco, ou informe a coordenada absoluta referente ao WCS ou UCS. Esse ponto será o centro da geometria do arco (*Center*).
7. Para finalizar, a linha de comando informará "ARC Specify end point of arc (hold Ctrl to switch direction) or [Angle/chord Length]:", solicitando o terceiro e último ponto de precisão para a criação do arco.
8. Selecione o terceiro ponto de referência para a criação do arco, ou informe a coordenada absoluta referente ao WCS ou UCS. Esse ponto será o ponto final da geometria do arco (*End*).

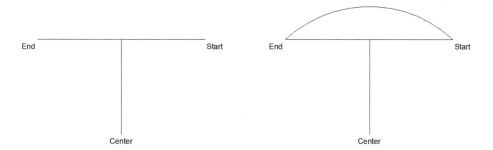

Comando Arc – Start, Center, Angle

O comando *Arc – Start, Center, Angle* executa um arco com base na seleção de dois pontos de precisão. O primeiro é o ponto inicial, o segundo é o centro, e, por último, há a referência do ângulo de abertura entre as duas extremidades do arco.

1. No menu *Ribbon*, acesse a aba *Home* e, dentro do grupo *Draw*, habilite a cascata de opções, clicando na seta abaixo do ícone do comando *Arc*.
2. Selecione a opção *Start, Center, Angle*. Você também pode ativar o comando pela linha de comando, digitando a palavra "arc", ou simplesmente a letra "A", e confirmando com a tecla *Enter*.

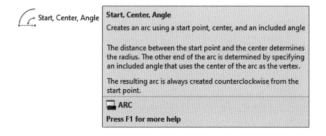

3. A linha de comando informará "ARC Specify start point of arc or [Center]:", solicitando o primeiro ponto de precisão para a criação do arco.
4. Na área de trabalho do AutoCAD, selecione o primeiro ponto de referência para a criação do arco – neste caso, o ponto inicial (*Start*) –, ou informe a coordenada absoluta referente ao WCS ou UCS.
5. Novamente na linha de comando, será informado "ARC Specify center point of arc:", solicitando o segundo ponto de precisão para a criação do arco.

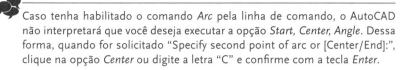

Caso tenha habilitado o comando *Arc* pela linha de comando, o AutoCAD não interpretará que você deseja executar a opção *Start, Center, Angle*. Dessa forma, quando for solicitado "Specify second point of arc or [Center/End]:", clique na opção *Center* ou digite a letra "C" e confirme com a tecla *Enter*.

6. Selecione o segundo ponto de referência para a criação do arco, ou informe a coordenada absoluta referente ao WCS ou UCS. Esse ponto será o centro da geometria do arco (*Center*).

7. Para finalizar, a linha de comando informará "ARC Specify included angle (hold Ctrl to switch direction):", solicitando o ângulo de abertura entre as duas extremidades do arco.

 Caso tenha habilitado o comando *Arc* pela linha de comando, quando for solicitado "Specify end point of arc (hold Ctrl to switch direction) or [Angle/chord Length]:", clique na opção *Angle* ou digite a letra "A" e confirme com a tecla *Enter*.

8. Para finalizar, informe o ângulo necessário em seu desenho e confirme com a tecla *Enter*.

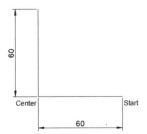 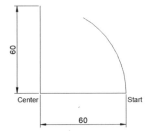 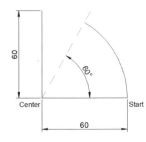

Comando Arc – Start, Center, Length

O comando *Arc – Start, Center, Length* executa um arco com base na seleção de dois pontos de precisão. O primeiro é o ponto inicial, o segundo é o centro, e, por último, há a referência do comprimento da corda gerada pelas extremidades do arco.

1. No menu *Ribbon*, acesse a aba *Home* e, dentro do grupo *Draw*, habilite a cascata de opções, clicando na seta abaixo do ícone do comando *Arc*.

2. Selecione a opção *Start, Center, Length*. Você também pode ativar o comando pela linha de comando, digitando a palavra "arc" ou simplesmente a letra "A" e confirmando com a tecla *Enter*.

Start, Center, Length
Creates an arc using a start point, center, and the length of a chord

The distance between the start point and the center determines the radius. The other end of the arc is determined by specifying the length of a chord between the start point and the endpoint of the arc.

The resulting arc is always created counterclockwise from the start point.

ARC
Press F1 for more help

3. A linha de comando informará "ARC Specify start point of arc or [Center]:", solicitando o primeiro ponto de precisão para a criação do arco.

4. Na área de trabalho do AutoCAD, selecione o primeiro ponto de referência para a criação do arco – neste caso, o ponto inicial (*Start*) –, ou informe a coordenada absoluta referente ao WCS ou UCS.

5. Novamente na linha de comando, será informado "ARC Specify center point of arc:", solicitando o segundo ponto de precisão para a criação do arco.

Caso tenha habilitado o comando *Arc* pela linha de comando, o AutoCAD não interpretará que você deseja executar a opção *Start, Center, Length*. Dessa forma, quando for solicitado "Specify second point of arc or [Center/End]:", clique na opção *Center* ou digite a letra "C" e confirme com a tecla *Enter*.

6. Selecione o segundo ponto de referência para a criação do arco, ou informe a coordenada absoluta referente ao WCS ou UCS. Esse ponto será o centro da geometria do arco (*Center*).

7. Para finalizar, a linha de comando informará "ARC Specify length of chord (hold Ctrl to switch direction):", solicitando a dimensão da corda entre as duas extremidades do arco.

Caso tenha habilitado o comando *Arc* pela linha de comando, quando for solicitado "Specify end point of arc (hold Ctrl to switch direction) or [Angle/chord Length]:", clique na opção *chord Length* ou digite a letra "L" e confirme com a tecla *Enter*.

8. Para finalizar, informe o comprimento da corda necessário em seu desenho e confirme com a tecla *Enter*.

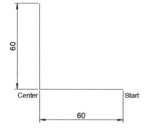 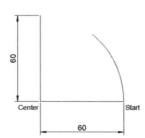 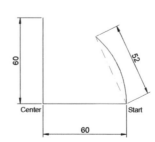

Comando Arc – Start, End, Direction

O comando *Arc – Start, End, Direction* executa um arco com base na seleção de dois pontos de precisão. O primeiro é o ponto inicial (*Start*), o segundo é o final (*End*), e, por último, há a referência da direção da tangência do arco (*Direction*).

1. No menu *Ribbon*, acesse a aba *Home* e, dentro do grupo *Draw*, habilite a cascata de opções, clicando na seta abaixo do ícone do comando *Arc*.
2. Selecione a opção *Start, End, Direction*. Você também pode ativar o comando pela linha de comando, digitando a palavra "arc", ou simplesmente a letra "A", e confirmando com a tecla *Enter*.

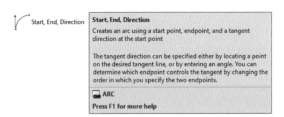

3. A linha de comando informará "ARC Specify start point of arc or [Center]:", solicitando o primeiro ponto de precisão para a criação do arco.
4. Na área de trabalho do AutoCAD, selecione o primeiro ponto de referência para a criação do arco – neste caso, o ponto inicial (*Start*) –, ou informe a coordenada absoluta referente ao WCS ou UCS.
5. Novamente na linha de comando, será informado "ARC Specify end point of arc:", solicitando o segundo ponto de precisão para a criação do arco.

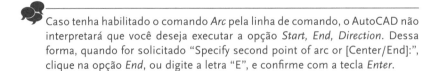

Caso tenha habilitado o comando *Arc* pela linha de comando, o AutoCAD não interpretará que você deseja executar a opção *Start, End, Direction*. Dessa forma, quando for solicitado "Specify second point of arc or [Center/End]:", clique na opção *End*, ou digite a letra "E", e confirme com a tecla *Enter*.

6. Selecione o segundo ponto de referência para a criação do arco, ou informe a coordenada absoluta referente ao WCS ou UCS. Esse ponto será o ponto final da geometria do arco (*End*).
7. Para finalizar, a linha de comando informará "ARC Specify tangent direction for the start point of arc (hold Ctrl to switch direction):", solicitando a direção da tangência do arco.

Caso tenha habilitado o comando *Arc* pela linha de comando, quando for solicitado "Specify center point of arc (hold Ctrl to switch direction) or [Angle/Direction/Radius]:", clique na opção *Direction* ou digite a letra "D" e confirme com a tecla *Enter*.

8. Para finalizar, movimente o mouse para a direção da tangência do arco e clique na posição desejada. Caso o sistema *Ortho* esteja habilitado, as tangências serão criadas com base nos eixos X e Y.

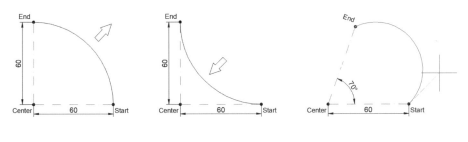

⊟ Exercício

Acessando o link informado na página 11 e abrindo o arquivo "Comando *Arc* – opções", você aprende a utilizar as seguintes opções: *Start, End, Angle*; *Start, End, Radius*; *Center, Start, End*; *Center, Start, Angle*; *Center, Start, Length*; *Continue*.

Comando Rectangle

Uma forma rápida de executar quadrados e retângulos é utilizar diretamente o comando *Rectangle*.

Com ele, conseguimos inserir duas dimensões, sendo o comprimento e a largura. Ainda podemos alterar o estilo dos cantos dos quadriláteros e a espessura da linha e ajustar a dimensão pela área.

1. No menu *Ribbon*, acesse a aba *Home* e, dentro do grupo *Draw*, habilite o comando *Rectangle*. Você também pode ativar o comando pela linha de comando, digitando a palavra "Rectangle", ou simplesmente a sigla "REC", e confirmando com a tecla *Enter*.

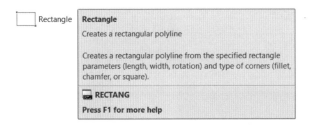

2. A linha de comando informará "RECTANG Specify first corner point or [Chamfer/Elevation/Fillet/Thickness/Width]:", solicitando o primeiro ponto de precisão para a criação do quadrilátero.

3. Na área de trabalho do AutoCAD, selecione o primeiro ponto de referência ou informe a coordenada absoluta referente ao WCS ou UCS.

4. Novamente na linha de comando, será informado "RECTANG Specify other corner point or [Area/Dimensions/Rotation]:", solicitando o segundo ponto de precisão.

5. Para finalizar, selecione o segundo ponto de referência, ou informe a coordenada absoluta ou relativa referente ao WCS ou UCS.

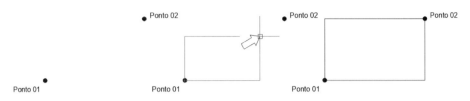

Comando Rectangle – Chamfer

Caso seja necessário, o AutoCAD permite a criação de quadriláteros com os vértices chanfrados.

1. No menu *Ribbon*, acesse a aba *Home* e, dentro do grupo *Draw*, habilite o comando *Rectangle*. Você também pode ativar o comando pela linha de comando, digitando a palavra "Rectangle", ou simplesmente a sigla "REC", e confirmando com a tecla *Enter*.

2. A linha de comando informará "RECTANG Specify first corner point or [Chamfer/Elevation/Fillet/Thickness/Width]:".

3. Clique na opção *Chamfer*, ou digite a letra "C", e confirme com a tecla *Enter*.

4. A linha de comando informará "RECTANG Specify first chamfer distance for rectangles <0.00>:", solicitando, assim, a distância para a criação do chanfro nos vértices do quadrilátero.

5. Informe a dimensão necessária e confirme com *Enter*.

6. Novamente a linha de comando solicitará a dimensão para o chanfro, porém, dessa vez, a segunda dimensão: "RECTANG Specify second chamfer distance for rectangles <0.00>:".

7. Informe a dimensão necessária e confirme com *Enter*.

8. A partir desse ponto, o comando *Rectangle* apresenta novamente as opções primárias, solicitando, assim, a posição dos pontos ou as coordenadas necessárias para a criação da figura.

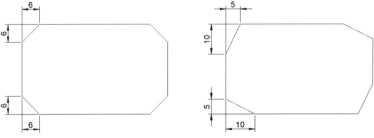

Um ponto a que devemos nos atentar é que, a partir do momento em que é ativada a opção *Chamfer*, todos os retângulos ou quadrados desenhados serão criados com chanfros nos vértices.

Caso deseje retornar ao padrão do AutoCAD, ative novamente a opção *Chamfer*, informe a dimensão 0.00 para a primeira e a segunda dimensões e confirme com *Enter*.

Comando Rectangle – Fillet

Caso seja necessário, o AutoCAD permite a criação de quadriláteros com os vértices arredondados. Para configurar e executar o comando, siga estes passos:

1. No menu *Ribbon*, acesse a aba *Home* e, dentro do grupo *Draw*, habilite o comando *Rectangle*. Você também pode ativar o comando pela linha de comando, digitando a palavra "Rectangle", ou simplesmente a sigla "REC", e confirmando com a tecla *Enter*.

2. A linha de comando informará "RECTANG Specify first corner point or [Chamfer/Elevation/Fillet/Thickness/Width]:".

3. Clique na opção *Fillet*, ou digite a letra "F", e confirme com a tecla *Enter*.

4. A linha de comando informará "RECTANG Specify fillet radius for rectangles <0.0000>:", solicitando, assim, a dimensão do raio criado nos vértices do quadrilátero.

5. Informe a dimensão necessária e confirme com *Enter*.

6. A partir desse ponto, o comando *Rectangle* apresenta novamente as opções primárias, solicitando, assim, a posição dos pontos ou as coordenadas necessárias para a criação da figura.

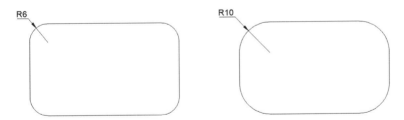

Um ponto a que devemos nos atentar é que, a partir do momento em que é ativada a opção *Fillet*, todos os retângulos ou quadrados desenhados serão criados com arredondamento nos vértices.

Caso deseje retornar ao padrão do AutoCAD, ative novamente a opção *Fillet*, informe a dimensão 0.00 para a dimensão do arredondamento e confirme com *Enter*.

Exercício

Para ampliar seu conhecimento sobre figuras geométricas planas, consulte o material disponibilizado no link informado na página 11. O arquivo "Comando *Rectangle* – opções" apresenta o passo a passo para aprender a utilizar as opções *Width*, *Area*, *Dimension* e *Rotate*.

Comando *Polygon*

Com o comando *Polygon*, conseguimos criar polígonos regulares conforme a necessidade do desenho. Dessa forma, podemos escolher a quantidade de lados para essas geometrias.

Os polígonos criados com esse comando podem ser gerados com as referências de círculos, sendo assim inscritos ou circunscritos, como explicado a seguir:

- **Polígono inscrito:** os vértices estão referenciados pela parte interna de uma circunferência.

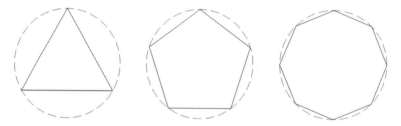

- **Polígono circunscrito:** os vértices estão referenciados pela parte externa de uma circunferência.

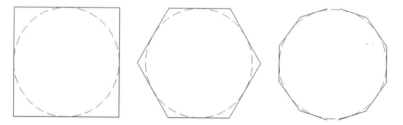

Para executar um polígono inscrito, no menu *Ribbon*, acesse a aba *Home* e, dentro do grupo *Draw*, habilite o comando *Polygon*. Você também pode ativar o comando pela linha de comando, digitando a palavra "Polygon", ou simplesmente a sigla "POL", e confirmando com a tecla *Enter*.

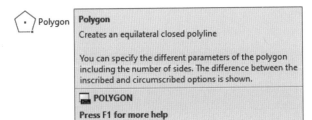

Comando Polygon Inscribed

Caso seu projeto necessite da execução de um polígono inscrito, realize os passos explicados a seguir.

1. Ative o comando *Polygon*.
2. A linha de comando informará "POLYGON Enter number of sides < >:", solicitando a quantidade de lados para a geometria.

 O AutoCAD tem uma limitação na quantidade de lados dos polígonos, que deve ser de no mínimo três lados e no máximo 1.024. Caso seja informado um valor fora desses limites, a linha de comando mostrará a seguinte mensagem: "Requires an integer between 3 and 1024.".

3. Preencha, na linha de comando, a quantidade de lados desejada para esse polígono e confirme com *Enter*.
4. A linha de comando solicitará o centro de referência: "POLYGON Specify center of polygon or [Edge]:".
5. Na área de trabalho do AutoCAD, selecione o ponto de referência do centro do polígono, ou informe a coordenada absoluta referente ao WCS ou UCS.
6. Neste ponto, o AutoCAD solicita se a geometria será inscrita ou circunscrita, indicando na linha de comando "POLYGON Enter an option [Inscribed in circle/Circumscribed about circle]".
7. Selecione a opção *Inscribed in circle*, ou digite na linha de comando a letra "i", e confirme com *Enter*.
8. A linha de comando solicitará "POLYGON Specify radius of circle:".
9. Para finalizar, informe a dimensão do raio, ou clique em um dos pontos de precisão do círculo, o qual pode ser um dos quatro quadrantes.

Comando Polygon Circumscribed

1. Ative o comando *Polygon*.
2. A linha de comando informará "POLYGON Enter number of sides < >:", solicitando a quantidade de lados para a geometria.

> O AutoCAD tem uma limitação na quantidade de lados dos polígonos, que deve ser de no mínimo três lados e no máximo 1.024. Caso seja informado um valor fora desses limites, a linha de comando mostrará a seguinte mensagem: "Requires an integer between 3 and 1.024.".

3. Preencha, na linha de comando, a quantidade de lados para esse polígono e confirme com *Enter*.
4. A linha de comando solicitará o centro de referência: "POLYGON Specify center of polygon or [Edge]:".
5. Na área de trabalho do AutoCAD, selecione o ponto de referência do centro do polígono, ou informe a coordenada absoluta referente ao WCS ou UCS.
6. Neste ponto, o AutoCAD solicita se a geometria será inscrita ou circunscrita, indicando na linha de comando "POLYGON Enter an option [Inscribed in circle/Circumscribed about circle]".
7. Selecione a opção *Circumscribed about circle* ou digite na linha de comando a letra "C" e confirme com *Enter*.
8. A linha de comando solicitará "POLYGON Specify radius of circle:".
9. Para finalizar, informe a dimensão do raio ou clique em um dos pontos de precisão do círculo, o qual pode ser um dos quatro quadrantes.

Exercício

Para avançar no estudo, acesse o arquivo "Comando *Polygon Edge*", no material disponibilizado no link informado na página 11.

COMANDO *ELLIPSE*

Para a construção de elipses no AutoCAD, temos três formas de utilizar o comando *Ellipse*:

- *Center*;
- *Axis, End*;
- *Elliptical Arc*.

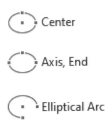 Center

Axis, End

Elliptical Arc

Comando Ellipse – Center

O comando *Ellipse – Center* executa uma elipse com base na posição do centro da geometria e nas distâncias do centro até os quadrantes dos eixos (metade da dimensão total dos eixos). Para executar o comando, siga estes passos:

1. No menu *Ribbon*, acesse a aba *Home* e, dentro do grupo *Draw*, habilite a cascata de opções clicando na seta ao lado do ícone do comando *Ellipse*.
2. Selecione a opção *Center*. Você também pode ativar o comando pela linha de comando, digitando a palavra "ellipse", ou simplesmente a sigla "EL", e confirmando com a tecla *Enter*.

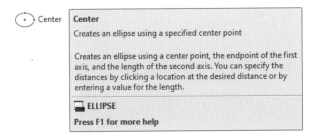

 Caso tenha habilitado o comando *Ellipse* pela linha de comando, o AutoCAD não interpretará que deseja executar a geometria com base na opção *Center*. Dessa forma, quando for solicitado "Specify axis endpoint of ellipse or [Arc/Center]:", clique na opção *Center*, ou digite a letra "C", e confirme com a tecla *Enter*.

3. A linha de comando informará "ELLIPSE Specify center of ellipse:", solicitando o ponto central para a criação da geometria.
4. Na área de trabalho do AutoCAD, selecione o primeiro ponto de referência para a criação da elipse, ou informe a coordenada absoluta referente ao WCS ou UCS.
5. Na linha de comando, será informado "ELLIPSE Specify endpoint of axis:", solicitando a posição do primeiro eixo.
6. Selecione o ponto de referência para a criação do primeiro eixo da elipse, ou informe a coordenada absoluta referente ao WCS ou UCS.

Você ainda poderá utilizar o sistema de direcionamento do mouse. Basta movimentar o cursor e digitar a dimensão necessária para o eixo solicitado.

7. Para finalizar, a linha de comando informará "ELLIPSE Specify distance to other axis or [Rotation]:", solicitando a posição do segundo eixo.

8. Selecione o ponto de referência para a criação do segundo eixo da elipse, ou informe a coordenada absoluta referente ao WCS ou UCS.

Ao finalizar o comando, será criada uma elipse com base no centro e nas dimensões informadas. Repare que, na opção *Ellipse – Center*, a dimensão informada é metade da dimensão total dos eixos horizontal e vertical.

Veja os exemplos a seguir:

- dimensão do primeiro eixo: 12 unidades; dimensão do segundo eixo: 6 unidades;
- dimensão do primeiro eixo: 14,6 unidades; dimensão do segundo eixo: 4,2 unidades.

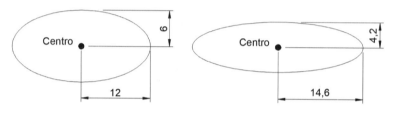

Exercício

Para conhecer mais possibilidades do comando *Ellipse*, acesse o arquivo "Comando *Ellipse* – opções", no material disponibilizado no link informado na página 11.

Anotações

Anotações

6

Comandos de edição

OBJETIVOS

» Aprender a selecionar o objeto que será editado

» Conhecer as funções dos comandos *Copy, Move, Trim, Extend, Offset, Fillet, Chamfer, Erase, Explode, Array, Join, Rotate, Scale, Stretch* e *Mirror*

» Aprender a executar esses comandos

Seleção de objetos

Para que você possa efetuar as edições, ou até mesmo a exclusão de geometrias em sua área de trabalho do AutoCAD, primeiramente deverá entender como funcionam as formas de seleção com auxílio do cursor do mouse.

Nos próximos tópicos, vamos executar de forma genérica a seleção de algumas geometrias, explicando algumas soluções para seu projeto, e você deverá escolher a mais adequada para o seu desenho.

Seleção individual

1. Na área de trabalho do seu AutoCAD, leve o cursor do mouse até a geometria que deseja selecionar.
2. Com o padrão de visualização do AutoCAD, a geometria ficará destacada, o que indica que ela poderá ser selecionada.
3. Deixando o cursor em cima da geometria, clique nela com o botão esquerdo do mouse.
4. A geometria selecionada ficará com o padrão de linha tracejado, e os pontos de controle (extremidade e meio da geometria) serão demonstrados.

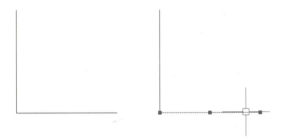

5. Repita o procedimento até selecionar todas as geometrias desejadas e execute o comando ou a modificação necessária. Vale lembrar que a seleção será acumulativa.
6. Caso deseje cancelar as seleções, pressione *Esc*, desabilitando todas as seleções feitas nessa seção.

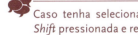 Caso tenha selecionado uma geometria erroneamente, mantenha a tecla *Shift* pressionada e repita o procedimento de seleção dos objetos. Isso evitará que, ao pressionar a tecla *Esc*, todas as seleções sejam canceladas, o que representaria uma perda de tempo e geraria retrabalho.

7. Caso esteja selecionando a geometria de polilinhas, blocos ou grupos, ao clicar na geometria, todas as linhas e formas geométricas relacionadas serão selecionadas.

Seleção em janela

1. Na área de trabalho do seu AutoCAD, leve o cursor do mouse próximo à geometria que deseja selecionar.
2. Clique na parte esquerda da área de trabalho do AutoCAD e movimente o mouse para a direita.
3. Um retângulo com a tonalidade azul e o contorno contínuo será criado, indicando a janela de seleção para as geometrias.

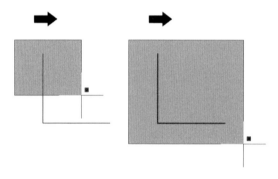

4. Ao clicar na extremidade oposta, todas as geometrias que estiverem dentro da janela serão selecionadas, e o processo de seleção será finalizado.
5. Repita o procedimento até selecionar todas as geometrias desejadas e execute o comando ou a modificação necessária. Vale lembrar que a seleção será cumulativa.
6. Nesta forma de seleção, é importante ressaltar que, caso algum objeto não tenha sido marcado por completo (não esteja 100% dentro do retângulo azul), a seleção não será executada.

Seleção por interseção

1. Na área de trabalho do seu AutoCAD, leve o cursor do mouse próximo à geometria que deseja selecionar.
2. Clique na parte direita da área de trabalho do AutoCAD e movimente o mouse para a esquerda.
3. Um retângulo com a tonalidade verde e o contorno tracejado será criado, indicando a janela de seleção para as geometrias.

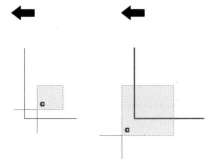

4. Ao clicar na extremidade oposta, todas as geometrias que tiverem interseções com a janela, ou seja, que estejam em contato com parte do retângulo verde, serão selecionadas, e o processo de seleção será finalizado.

5. Repita o procedimento até selecionar todas as geometrias desejadas e execute o comando ou a modificação necessária. Vale lembrar que a seleção será cumulativa.

Exercício

Acesse o arquivo "Seleção de objetos – outras formas", no material disponibilizado no link informado na página 11, para aprender a utilizar as opções *Fence*, *WPolygon*, *CPolygon* e *Crossing Lasso*.

Comando *Copy*

O comando *Copy* permite executar a cópia de uma ou mais geometrias existentes em seu projeto no AutoCAD. Dessa forma, é possível acelerar o processo construtivo para geometrias idênticas.

1. No menu *Ribbon*, guia *Draw*, dentro do painel *Modify*, ative o comando *Copy*. Você também pode ativá-lo pela linha de comando, digitando a palavra "Copy", ou as siglas "CO" ou "CP", e confirmando com a tecla *Enter*.

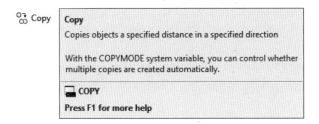

2. A linha de comando informará "COPY Select objects:", solicitando, assim, a seleção das geometrias que você deseja copiar.

3. Com auxílio das ferramentas de seleção, marque as geometrias necessárias. Note que os objetos já selecionados ficarão com a representação tracejada.

4. Após concluir a seleção de todas as geometrias, confirme, pressionando a tecla *Enter*.

5. Novamente na linha de comando, será informado "COPY Specify base point or [Displacement/mOde] <Displacement>:". Então, são apresentadas as opções explicadas a seguir:

- **Base Point**: com o cursor do mouse, selecione um ponto de precisão para servir de referência para o objeto copiado. Ele poderá ser um *Osnap* de centro, meio da linha ou qualquer outro ponto existente em seu desenho. Vale lembrar que esta opção é o padrão do comando *Copy*: não é necessário, para ativá-la, selecionar opções secundárias na linha de comando.

- **Displacement**: utiliza como base o sistema WCS e UCS como ponto de referência para o objeto copiado. Nesta opção, não é necessário informar um ponto de referência inicial, bastando somente selecionar o objeto e indicar a coordenada de destino do objeto copiado. Para ativar esta opção, clique na palavra "Displacement", ou digite a letra "D", e confirme com *Enter*.

- **mOde**: permite alterar os módulos de cópia *Single* (simples) ou *Multiple* (múltiplas). Para ativar esta opção, clique na palavra "mOde", ou digite a letra "O," e confirme com *Enter*. Vale lembrar que a opção de instalação do AutoCAD é a opção *Multiple*.

    - **Single**: executa somente uma vez o processo de cópia. Uma vez gerado o elemento copiado, o comando é finalizado automaticamente.

    - **Multiple**: permite executar uma ou mais vezes o processo de cópia, o qual será finalizado somente com o cancelamento do comando.

6. Após selecionar o ponto de referência inicial, será informado, na linha de comando, "COPY Specify second point or [Array/Exit/Undo] <Exit>:", solicitando, assim, o segundo ponto de precisão, ou seja, o destino para onde deseja copiar o objeto. Então, são apresentadas as opções a seguir:

- **Array**: permite utilizar o comando *Copy* com o recurso de cópia por matriz. Ativando este método, o AutoCAD gerará a cópia de um ou mais objetos equidistantes e na mesma direção.

- **Exit**: finaliza o comando *Copy*.

- **Undo**: desfaz o último grupo de objetos copiados.

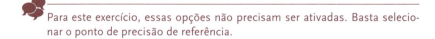

Para este exercício, essas opções não precisam ser ativadas. Basta selecionar o ponto de precisão de referência.

7. Movimente o mouse e selecione o ponto de precisão no qual deseja criar a cópia da geometria.

 É recomendado que o sistema de *Osnap* esteja ativado. Caso esteja desativado, pressione a tecla *F3*, assim, a linha de comando informará "<Osnap on>", alterando a forma de trabalho sem a necessidade de cancelar o comando *Copy*.

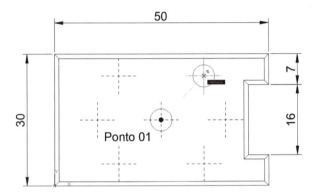

8. O AutoCAD gerará o segundo objeto, conforme os pontos selecionados.

9. Repita o procedimento até concluir todas as cópias necessárias.

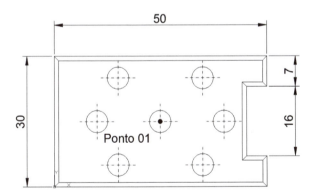

10. Para finalizar o comando, pressione a tecla *Esc* ou a tecla *Enter*.

O procedimento de copiar um objeto com base nos pontos de precisão (clicando nos *Osnaps*) poderá ser mais direto e rápido; porém, você sempre poderá utilizar o método de direcionamento do mouse. Para isso, basta movimentar o mouse para a direção necessária e informar a distância entre o objeto original e o objeto copiado.

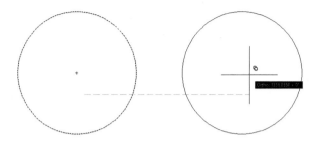

Caso queira utilizar o recurso do sistema Windows, você poderá executar o processo de copiar geometrias utilizando os atalhos *Ctrl + C* e *Ctrl + V*. Porém, com esse processo, os pontos de precisão (referência inicial e referência final) serão perdidos. A referência principal das cópias passará a ser o ponto de cruzamento do cursor do mouse.

Comando *Move*

O comando *Move* permite movimentar uma ou mais geometrias existentes em seu projeto no AutoCAD, de forma que possibilita corrigir, ou até mesmo editar, as geometrias desenhadas.

1. No menu *Ribbon*, na guia *Draw*, dentro do painel *Modify*, ative o comando *Move*. Você também pode ativá-lo pela linha de comando, digitando a palavra "Move", ou a letra "M", e confirmando com a tecla *Enter*.

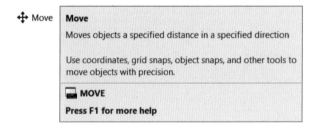

2. A linha de comando informará "MOVE Select objects:", solicitando, assim, que você selecione as geometrias que deseja copiar.

3. Com auxílio das ferramentas de seleção, marque as geometrias necessárias. Note que os objetos já selecionados ficarão com a representação tracejada.

4. Após concluir a seleção de todas as geometrias, confirme, pressionando a tecla *Enter*.

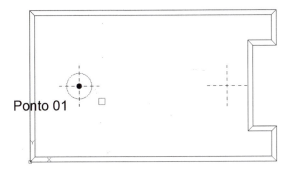

Ponto 01

5. Novamente na linha de comando, será informado "MOVE Specify base point or [Displacement]:", e serão apresentadas as opções a seguir:

- **Base Point**: com o cursor do mouse, selecione um ponto de precisão para servir de referência para o objeto copiado. Ele poderá ser um *Osnap* de centro, meio da linha ou qualquer outro ponto existente em seu desenho.
- **Displacement**: utiliza como base o sistema WCS e UCS como ponto de referência para o objeto copiado. Nesta opção, não é necessário informar um ponto de referência inicial, bastando somente selecionar o objeto e indicar a coordenada de destino do objeto copiado. Para ativar esta opção, clique na palavra "Displacement", ou digite a letra "D", e confirme com *Enter*.

6. Após selecionar o ponto de referência inicial, será informado na linha de comando "MOVE Specify second point or <use first point as displacement>:", solicitando, assim, o segundo ponto de precisão, ou seja, o destino para onde se deseja copiar o objeto.

7. Movimente o mouse e selecione o ponto de precisão para onde deseja movimentar a geometria.

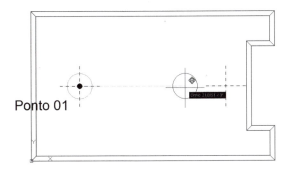

Ponto 01

É recomendado que o sistema de *Osnap* esteja ativado. Caso esteja desativado, pressione a tecla *F3*, assim, a linha de comando informará "<Osnap on>", alterando a forma de trabalho sem a necessidade de cancelar o comando *Copy*.

8. O AutoCAD movimentará a geometria e, automaticamente, finalizará o comando *Move*.

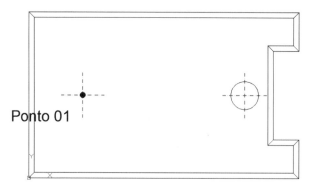

O procedimento de copiar um objeto com base nos pontos de precisão (clicando nos *Osnaps*) poderá ser mais direto e rápido; porém, você sempre poderá utilizar o método de direcionamento do mouse. Para isso, basta movimentar o mouse para a direção necessária e informar a distância entre o objeto original e o objeto copiado.

Comando *Trim*

Com a finalidade de aparar os excessos gerados nos cruzamentos de duas ou mais geometrias, o comando *Trim* tem um papel importante na execução dos seus desenhos. Sua utilização é simples e direta; basta selecionar as geometrias em excesso.

1. No menu *Ribbon*, na guia *Draw*, dentro do painel *Modify*, ative o comando *Trim*. Você também pode ativá-lo pela linha de comando, digitando a palavra "Trim", ou a sigla "TR", e confirmando com a tecla *Enter*.

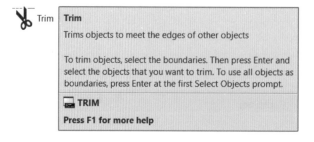

2. A linha de comando informará "TRIM Select object to trim or shift-select to extend or [cuTting edges/Crossing/mOde/Project/eRase/Undo]:", solicitando, assim, a seleção das geometrias que deseja aparar. Você terá as opções a seguir:

- **cuTting edges:** permite selecionar uma ou mais geometrias que serão a referência de limite do recorte. Nas versões mais antigas do AutoCAD (versão igual ou inferior a 2020), esse processo é automático, sendo necessário selecionar os limites e confirmar com *Enter* para, somente depois, selecionar as arestas que deseja cortar.

Esse método é chamado de método clássico (*Standard*) de recorte. Caso deseje alterar o modo de utilizar o comando *Trim*, ative a variável TRIMEXTENDMODE e altere para o valor "0", o que configurará o comando para o padrão *Standard*. Caso deseje retornar com o método atual, repita a variável e altere o valor para "1", ativando o método *Quick*.

- **Crossing**: seleciona geometrias que contenham interseções com uma região definida por dois pontos. Na maioria dos casos, o comando *Trim* resolverá o processo de aparar, portanto, em geral, não é necessário ativar o método *Crossing*.
- **mOde**: possibilita a troca entre os módulos padrão (*Standard*) e rápido (*Quick*) de utilização do comando *Trim*. Nestes exemplos, utilizaremos o método rápido. O mesmo procedimento poderá ser feito por meio da variável TRIMEXTENDMODE, conforme vimos na configuração *cuTting edges*.
- **Project**: permite alterar o método de projeção do comando *Trim*.
- **eRase**: deleta a geometria por completo ao executar a seleção.
- **Undo**: permite voltar etapas já executadas no comando *Trim*, desfazendo, assim, o último recorte até o momento desejado.

3. Movimente o cursor do mouse para a região em que deseja executar o recorte da geometria em excesso. Repare que a região pré-selecionada ficará translúcida e, com a marcação e o cursor do mouse, apresentará o sinal "X", indicando que a área poderá ser aparada.

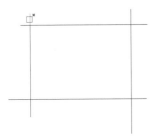

4. Com auxílio das ferramentas de seleção, clique na extremidade em excesso.
5. Repita o procedimento até concluir todos os recortes necessários.

6. Para finalizar o comando, pressione a tecla *Esc* ou a tecla *Enter*.

Durante a execução de seu projeto, você ainda poderá utilizar o comando *Extend*, que permite estender as extremidades de uma geometria até outra geometria desenhada em sua área de trabalho do AutoCAD, com auxílio do comando *Trim*.

Com o comando *Trim*, você pode ativar a reversão do comando. Para isso, mantenha pressionada a tecla *Shift* e clique nas geometrias que precisam ser estendidas. Dessa forma, você transforma o comando *Trim* no comando *Extend*.

Comando Extend

O comando *Extend* tem como função estender as extremidades de uma geometria até outra forma criada em sua área de trabalho do AutoCAD. Caso o seu desenho apresente uma falha de espaçamento, ou até mesmo tenha sido finalizado antes do ponto exato, o comando *Extend* poderá consertá-lo de forma simples e direta, bastando selecionar as geometrias que deseja estender.

1. No menu *Ribbon*, na guia *Draw*, dentro do painel *Modify*, ative o comando *Extend*. Você também pode ativá-lo pela linha de comando, digitando a palavra "Extend", ou a sigla "EX", e confirmando com a tecla *Enter*.

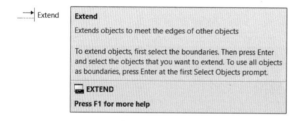

2. A linha de comando informará "EXTEND Select object to extend or shift-select to trim or [Boundary edges/Crossing/mOde/Project]:", solicitando, assim, a seleção das geometrias que você deseja estender.

- **Boundary edges**: permite selecionar uma geometria que servirá como limite para a extrusão. Sendo assim, as extremidades selecionadas serão estendidas até a geometria selecionada. Caso haja algum desenho entre a extremidade e o limite, o desenho será ignorado, e a extensão passará por cima dele. Nas versões mais antigas do AutoCAD (versão igual ou inferior a 2020), esse processo é automático, portanto é necessário selecionar os limites e confirmar com *Enter*, para somente depois selecionar as arestas que deseja cortar. Esse método é chamado de método clássico (*Standard*) de extensão.

- **Crossing**: seleciona geometrias que contenham interseções com uma região definida por dois pontos.

- **mOde**: possibilita alterar entre os módulos padrão (*Standard*) e rápido (*Quick*) de utilização do comando *Extend*. Nestes exemplos, utilizaremos o método rápido.

- **Project**: permite alterar o método de projeção do comando *Extend*.

- **Undo**: permite retroceder etapas já executadas no comando *Extend*, desfazendo, assim, o último recorte até o momento desejado.

3. Movimente o cursor do mouse para a extremidade que deseja estender.

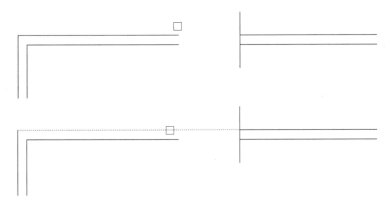

4. Repare que a região pré-selecionada ficará tracejada, e o prolongamento da geometria será demonstrado, parando na interseção com o próximo objeto.
5. Com auxílio das ferramentas de seleção, clique na extremidade que deseja estender.
6. Repita o procedimento até concluir todas as extensões necessárias.

7. Para finalizar o comando, pressione a tecla *Esc* ou a tecla *Enter*.

Durante a execução de seu projeto, você ainda poderá utilizar o comando *Trim*, que permite aparar as extremidades em excesso nas geometrias desenhadas em sua área de trabalho do AutoCAD, com auxílio do comando *Extend*.

Com o comando *Extend*, você pode ativar a reversão do comando. Para isso, com o comando *Extend* ativado, mantenha pressionada a tecla *Shift* e clique nas geometrias que precisam ser aparadas, transformando o comando *Extend* no comando *Trim*.

Comando Offset

O comando *Offset* cria uma cópia paralela de linhas, círculos, polilinhas, entre outras geometrias existentes, em seu projeto.

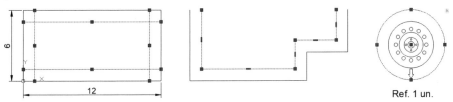

Ref. 1 un.

1. No menu *Ribbon*, na guia *Draw*, dentro do painel *Modify*, ative o comando *Offset*. Você também pode ativá-lo pela linha de comando, digitando a palavra "Offset", ou a letra "O", e confirmando com a tecla *Enter*.

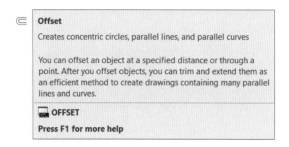

2. A linha de comando informará "OFFSET Specify offset distance or [Through/Erase/Layer]:", solicitando, assim, a dimensão necessária para a cópia paralela.

- *Through*: permite executar as cópias paralelas com base na seleção de um ponto de precisão e movimentar o mouse até a próxima posição desejada.
- *Erase*: deleta ou mantém o objeto original após a execução do comando *Offset*.
- *Layer*: permite alterar o layer do objeto copiado, que pode ser o mesmo da geometria original ou o layer ativo no momento.

3. Preencha, na linha de comando, o valor necessário para a cópia paralela e confirme com a tecla *Enter*.

4. Movimente o cursor do mouse para a geometria que deseja copiar com o distanciamento. Repare que, ao deixar o cursor em cima da geometria, uma projeção será demonstrada, o que pode ocorrer para ambos os lados da geometria.

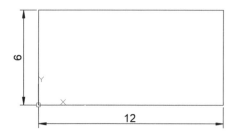 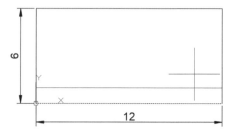

5. Caso execute o mesmo procedimento em uma polilinha, todos os segmentos da geometria serão copiados, não gerando pontos de cruzamento entre as extremidades.

6. Clique com o cursor do mouse na direção que deseja executar a cópia paralela. O clique não precisa ser em um ponto de precisão, basta somente que seja apontada a direção correta.

7. Repita o procedimento até concluir todas as extensões necessárias.

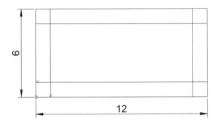

8. Para finalizar o comando, pressione a tecla *Esc* ou a tecla *Enter*.

Comando *Fillet*

O comando *Fillet* é responsável por executar arredondamentos nos cantos de duas geometrias existentes em seu projeto. Sempre que necessário, os projetistas executam arredondamentos em peças, projetos arquitetônicos ou em design de produtos, com finalidade de garantir alívios ou superfícies mais seguras ou simplesmente para criar uma estética mais agradável ao produto. A aplicação desse comando é simples, mas você deve utilizar as configurações corretas, para evitar o retrabalho em seu projeto.

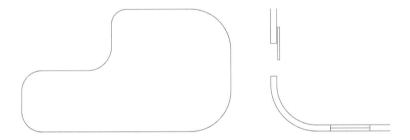

1. No menu *Ribbon*, na guia *Draw*, dentro do painel *Modify*, ative o comando *Fillet*. Você também pode ativá-lo pela linha de comando, digitando a palavra "Fillet", ou a letra "F", e confirmando com a tecla *Enter*.

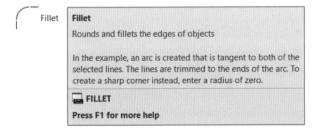

2. A linha de comando informará "FILLET Select first object or [Undo/Polyline/Radius/Trim/Multiple]: r Specify fillet radius <0.0000>:".

- **Undo**: retorna às configurações anteriores existentes no comando. Caso execute o ajuste do valor de raio ou qualquer outra opção, habilitando a opção *Undo*, será retornado o valor inserido anteriormente, reconfigurando as opções do comando *Fillet*.

- **Polyline**: executa o arredondamento de arestas em uma polilinha. A vantagem de utilizar este recurso é que, ao executar o comando novamente na polilinha, o arredondamento anterior é atualizado, o que gera uma atualização automática no projeto.

- **Radius**: permite configurar a dimensão do arredondamento gerado na interseção das duas seleções. Após configurar a opção *Radius*, o AutoCAD manterá a dimensão informada em sua memória, e, caso você habilite o comando novamente, ele apresentará a mesma dimensão ajustada anteriormente.

- **Trim**: com a opção *Trim* ativada ao executar o comando *Fillet*, o prolongamento existente após a criação do raio é aparado, o que gera uma concordância com os *EndPoints* das linhas selecionadas com as extremidades do raio. Caso a opção *Trim* esteja desabilitada (*No Trim*), o raio será gerado, mantendo a forma original das linhas ou geometrias selecionadas, portanto não serão aparadas as extremidades.

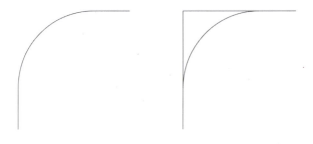

 Para este exercício e na maioria dos projetos executados no AutoCAD, a opção *Trim* será ativada.

- **Multiple**: permite a criação de arredondamentos sequenciados em diversos objetos.

3. Mesmo que o AutoCAD solicite a seleção dos objetos, é importante verificar e, se for necessário, alterar o valor do raio gerado no arredondamento.

4. Na linha de comando, selecione a opção *Radius*, ou digite a letra "R", e confirme com a tecla *Enter*.

5. A linha de comando apresentará a frase "Specify fillet radius <0.00>:".

6. Digite a dimensão necessária para seu projeto e confirme com *Enter*.

7. Novamente na linha de comando, será informado "FILLET Select first object or [Undo/Polyline/Radius/Trim/Multiple]: r Specify fillet radius <0.0000>:"; porém, dessa vez, você selecionará as geometrias em que deseja executar o arredondamento.

8. Clique com o cursor do mouse na primeira geometria. Ela ficará com o padrão de representação tracejado.

9. Deixe o cursor do mouse em cima da segunda geometria. Você vai notar que uma projeção do arredondamento será criada com o padrão de linha tracejado.

10. Clique com o cursor do mouse na segunda geometria.

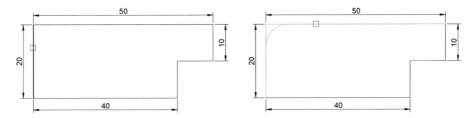

11. Repita o procedimento até concluir todos os arredondamentos necessários em seu desenho.

 Lembre-se: se for necessário, faça o ajuste da dimensão no campo *Radius*, pois a dimensão utilizada pela última vez será mantida no histórico do comando.

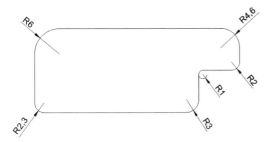

12. Para finalizar o comando, pressione a tecla *Esc* ou a tecla *Enter*.

 Para aprender como ativar e utilizar as opções *Raio Zero* e *Geometrias Paralelas*, acesse o arquivo "Comando *Fillet* – opções", no material disponibilizado no link informado na página 11.

Comando Chamfer

O comando *Chamfer* tem como finalidade criar um chanfro nas arestas. O comando poderá ser utilizado em geometrias como linhas, retângulos, polilinhas, entre outras existentes em seu projeto.

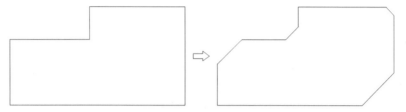

Comando Chamfer – Distance

1. No menu *Ribbon*, na guia *Draw*, dentro do painel *Modify*, ative o comando *Chamfer*. Você também pode ativá-lo pela linha de comando, digitando a palavra "Chamfer", ou a sigla "CHA", e confirmando com a tecla *Enter*.

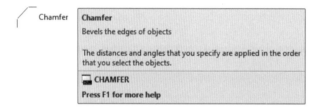

2. A linha de comando informará "CHAMFER Select first line or [Undo/Polyline/Distance/Angle/Trim/mEthod/Multiple]:".

- *Undo*: retorna às configurações anteriores existentes no comando. Caso execute o ajuste do valor do chanfro ou qualquer outra opção, habilitando a opção *Undo*, será retornado o valor inserido anteriormente, reconfigurando as opções do comando *Chamfer*.

- *Polyline*: executa chanfros nas arestas em uma polilinha. A vantagem de utilizar este recurso é que, ao selecionar o objeto, o comando é executado automaticamente, e não há, portanto, a necessidade de habilitar as duas arestas da geometria.

- *Distance*: configura e executa um chanfro baseado em duas dimensões. Vale lembrar que a configuração poderá ser feita com dimensões iguais ou não.

- *Angle*: configura e executa um chanfro baseado em uma dimensão linear e no ângulo.

- *Trim*: com a opção *Trim* ativada ao executar o comando *Chamfer*, o prolongamento existente após a criação do chanfro é aparado, gerando, assim, uma concordância com os *EndPoints* das linhas selecionadas. Caso a opção *Trim* esteja desabilitada (*No Trim*), o chanfro será gerado, mantendo a forma original das linhas ou geometrias selecionadas, portanto não serão aparadas as extremidades.

Para este exercício, e na maioria dos projetos executados no AutoCAD, a opção *Trim* será desativada.

- *mEthod*: permite selecionar entre os métodos de distância (*Distance*) ou ângulo (*Angle*) para a criação do chanfro. Ao habilitar esta opção, a linha de comando informará "CHAMFER Enter trim method [Distance/Angle] <Distance>".
- *Multiple*: permite a criação de chanfros sequenciados em diversos objetos, sem a necessidade de finalizar e ativar o comando novamente.

3. Mesmo o AutoCAD solicitando a seleção dos objetos, é importante verificar e, se necessário, alterar os valores das distâncias das arestas do chanfro.

4. Na linha de comando, selecione a opção *Distance*, ou digite a letra "D", e confirme com a tecla *Enter*.

5. A linha de comando apresentará a frase "Specify first chamfer distance <0.00>:".

6. Digite a dimensão necessária para seu projeto e confirme com *Enter*.

7. O AutoCAD solicitará a segunda dimensão do chanfro com a frase "Specify second chamfer distance <0.00>:", a qual pode ser igual ou não à primeira dimensão informada.

8. Digite a dimensão necessária para seu projeto e confirme com *Enter*. Caso deseje utilizar a mesma dimensão, basta confirmar com *Enter*.

9. Novamente na linha de comando, será informado "CHAMFER Select first line or [Undo/Polyline/Distance/Angle/Trim/mEthod/Multiple]:"; porém, dessa vez, você selecionará as geometrias em que deseja executar o arredondamento.

10. Clique com o cursor do mouse na primeira geometria. Ela ficará com o padrão de representação tracejado.

 Você deverá selecionar os objetos conforme a ordem preenchida no campo de dimensão, pois isso pode alterar o resultado do seu desenho.

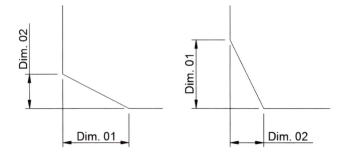

11. Deixe o cursor do mouse em cima da segunda geometria. Note que uma projeção do chanfro será criada com o padrão de linha tracejado.

12. Clique com o cursor do mouse na segunda geometria.

13. Repita o procedimento até concluir todos os chanfros necessários em seu desenho.

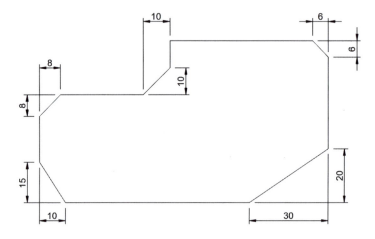

 Lembre-se: se for necessário, faça o ajuste da dimensão no campo *Dimension*, pois a dimensão utilizada pela última vez será mantida no histórico do comando.

14. Para finalizar o comando, pressione a tecla *Esc* ou a tecla *Enter*.

Comando Chamfer – Angle

1. No menu *Ribbon*, na guia *Draw*, dentro do painel *Modify*, ative o comando *Chamfer*. Você também pode ativá-lo pela linha de comando, digitando a palavra "Chamfer", ou a sigla "CHA", e confirmando com a tecla *Enter*.

2. A linha de comando informará "CHAMFER Select first line or [Undo/Polyline/Distance/Angle/Trim/mEthod/Multiple]:".

3. Na linha de comando, selecione a opção *Angle*, ou digite a letra "A", e confirme com a tecla *Enter*.

4. A linha de comando apresentará a frase "Specify chamfer length on the first line <0.0000>:".

5. Digite a dimensão do comprimento da aresta do chanfro e confirme com *Enter*.

6. O AutoCAD solicitará a dimensão do ângulo com a frase "Specify chamfer angle from the first line <0>:".

7. Digite a dimensão do ângulo conforme seu projeto e confirme com *Enter*.

8. Novamente na linha de comando, será informado "CHAMFER Select first line or [Undo/Polyline/Distance/Angle/Trim/mEthod/Multiple]:"; porém, dessa vez, você selecionará as geometrias em que deseja executar o arredondamento.

9. Clique com o cursor do mouse na primeira geometria. Ela ficará com o padrão de representação tracejado.

Você deverá selecionar os objetos conforme a ordem preenchida no campo de dimensão, pois isso pode alterar o resultado do seu desenho.

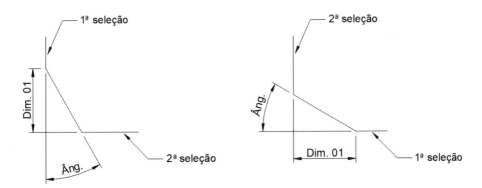

10. Deixe o cursor do mouse em cima da segunda geometria. Note que uma projeção do chanfro será criada com o padrão de linha tracejado.

11. Clique com o cursor do mouse na segunda geometria.

12. Repita o procedimento até concluir todos os chanfros necessários em seu desenho.

Lembre-se: se for necessário, faça o ajuste da dimensão no campo *Dimension*, pois a dimensão utilizada pela última vez será mantida no histórico do comando.

13. Para finalizar o comando, pressione a tecla *Esc* ou a tecla *Enter*.

Comando *Erase*

O comando *Erase* tem a finalidade de excluir uma ou mais geometrias existentes em seu projeto. Sua função poderá ser substituída pela tecla *Delete*; porém, com a finalidade de explicar o máximo de recursos e todo o potencial dos atalhos do AutoCAD, você aprenderá os dois métodos.

1. No menu *Ribbon*, na guia *Draw*, dentro do painel *Modify*, ative o comando *Erase*. Você também pode ativá-lo pela linha de comando, digitando a palavra "Erase", ou a letra "E", e confirmando com a tecla *Enter*.

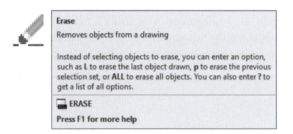

2. A linha de comando informará "ERASE Select objects:".
3. Com o cursor do mouse, selecione os objetos que deseja excluir.
4. Para finalizar, confirme com a tecla *Enter*.

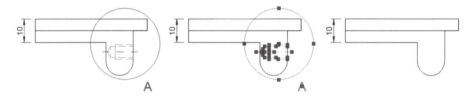

> Caso você ache mais interessante, poderá selecionar os objetos que deseja excluir antes e somente depois habilitar o comando *Erase*. Uma forma fácil e prática de utilizar esse método é selecionar os itens e, na linha de comando, digitar o atalho "E", confirmando com a tecla *Enter*. A tecla *Delete* também poderá ser utilizada, bastando somente selecionar os objetos e pressionar sua tecla.

Comando *Explode*

O comando *Explode* tem a finalidade de explodir, ou, melhor dizendo, separar os segmentos que compõem formas geométricas, como retângulos, polígonos, splines, polilinhas e até mesmo blocos.

1. No menu *Ribbon*, na guia *Draw*, dentro do painel *Modify*, ative o comando *Explode*. Você também pode ativá-lo pela linha de comando, digitando a palavra "Explode", ou a letra "X", e confirmando com a tecla *Enter*.

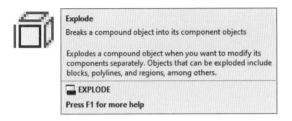

2. A linha de comando informará "EXPLODE Select objects:".
3. Com o cursor do mouse, selecione os objetos que deseja explodir.
4. Para finalizar, confirme com a tecla *Enter*.

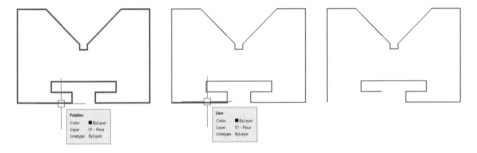

Após utilizar o comando *Explode* em geometrias com dois ou mais segmentos, elas poderão ser editadas, modificadas e até deletadas de seu projeto. Lembre-se de que este recurso não funciona para textos e blocos com atributos de preenchimento.

🗗 Exercício

Avance no estudo consultando o arquivo "Comando *Explode* – opções", no material disponibilizado no link informado na página 11.

Comando Array

O comando *Array* permite a execução de cópias com o padrão linear ou circular, com base em um ponto de referência. Esse comando permite que seja criada uma matriz de objetos com a mesma distância e a mesma direção.

Exemplo de *Array Rectangular* (retangular):

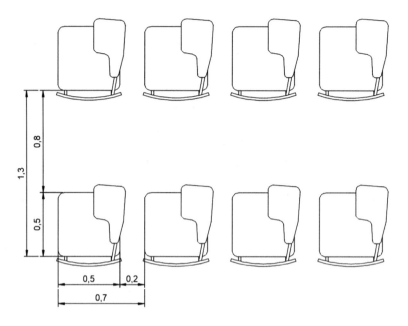

Exemplo de *Array Polar* (circular):

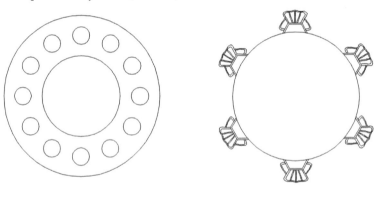

🗗 Exercício

No material disponibilizado no link informado na página 11, o arquivo "Comando *Array* – opções" mostra o passo a passo para executar *Array Rectangular* e *Array Polar*. Veja também os arquivos "Comando *Join*", "Comando *Rotate*", "Comando *Scale*", "Comando *Stretch*" e "Comando *Mirror*", que apresentam mais possibilidades de edição no AutoCAD.

Anotações

Anotações

7
Informações no projeto – textos

OBJETIVOS

» Conhecer as formas de inserir textos em um projeto no AutoCAD

» Aprender a configurar estilo de texto

» Aprender a criar um texto e a editá-lo

Com a finalidade de passar o máximo de informações em seu projeto, é recomendado utilizar recursos de texto, cotas e indicações em balões. Assim, fica garantida a precisão e a compreensão por parte de todos envolvidos na elaboração e na fabricação do seu projeto. A figura a seguir mostra exemplos dessas informações (cotas, textos e balões).

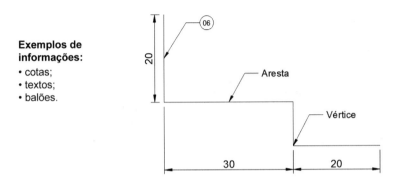

Exemplos de informações:
- cotas;
- textos;
- balões.

Configurando estilo de texto

1. No menu *Ribbon*, na guia *Annotate*, dentro do painel *Text*, clique na seta inclinada, que fica na extremidade da faixa na qual o nome do painel é apresentado, habilitando, assim, o comando *Text Style*. Você também pode ativá-lo pela linha de comando, digitando a palavra "style", ou o atalho "ST", e confirmando com a tecla *Enter*.

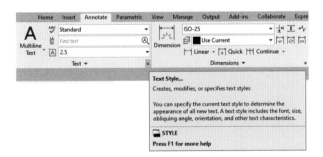

2. A janela *Text Style* apresentará as opções de configuração.

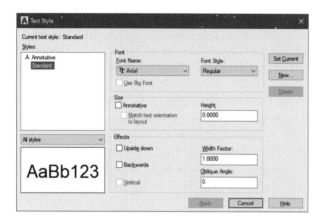

3. No campo *Styles*, serão demonstrados todos os estilos de padrões existentes em seu desenho. Note que, no campo inferior, temos as duas opções explicadas a seguir:

- *All styles*: demonstra todos os estilos criados em seu arquivo.
- *Styles in use*: demonstra somente os estilos de texto que estão sendo utilizados em seu arquivo, filtrando, assim, os elementos que se deseja modificar ou corrigir.

4. O campo *Preview* demonstra como o texto ficará após as edições, facilitando a escolha dos padrões ajustados.

5. No campo *Font*, temos as seguintes configurações:

- *Font Name*: permite a fonte para o estilo do texto, que pode ser, por exemplo, Arial, Times New Roman ou até mesmo Comic Sans.
- *Font Style*: configura a forma de apresentação dos textos, que pode ser, por exemplo, itálico, negrito, negrito itálico ou regular. Algumas fontes não apresentam todas as configurações, o que representa uma limitação do estilo do texto a ser criado.

AaBb123	**AaBb123**	*AaBb123*	AaBb123

6. No campo *Size*, temos as seguintes opções:

- *Annotative*: habilitando a caixa de seleção da opção *Annotative*, o estilo de texto será ajustado conforme o padrão de escala de viewport ou a vista do seu desenho. Portanto, não é necessário ajustar a altura do texto toda vez que alterar o tamanho do desenho.
- *Height*: ajusta a proporção de altura do texto.

7. No campo *Effects*, temos as seguintes configurações:

- *Upside down*: cria o texto invertido, ou seja, de ponta-cabeça.

- **Backwards**: cria o texto de trás para a frente.

> Em um caso exclusivo, você poderá utilizar a combinação das duas configurações.

- **Vertical**: cria o texto com a orientação de construção vertical.
- **Width factor**: ajusta a proporção de largura do texto. Nesse recurso, o padrão normal é 1, então, valores maiores do que 1 vão aumentar e esticar o texto, enquanto valores menores que do 1 vão diminuir e comprimir o texto.

- **Oblique Angle**: permite configurar um ângulo de inclinação para o texto. Esta opção é muito semelhante ao efeito de itálico, porém, proporciona a liberdade de ajustar o ângulo.

8. O botão *Set Current* transforma o estilo de texto selecionado no padrão para o seu arquivo. Assim, toda vez que for criado um texto, esse padrão de estilo já estará ativo para uso.

9. O botão *New Text Style* permite a criação de um novo estilo de texto para seu projeto. Ao habilitar essa função, a janela *New Text Style* será carregada, solicitando o nome do novo padrão. Preencha o campo *Style Name* conforme a sua necessidade, confirme com o botão *OK* e faça todos os ajustes necessários.

10. Após todas as configurações, clique no botão *Apply* e finalize clicando no botão *Close*.

Criação de texto – *Multiline Text*

Durante a criação de seu projeto, haverá diversas informações que serão inseridas, como legendas, informações de acabamento ou até mesmo mensagens de revisão para as equipes responsáveis pelo material.

Nesse caso, temos a criação de texto pelo comando *Multiline Text*, que permite criar um conjunto de textos em diversas linhas, muito semelhante ao recurso "caixa de texto" do software Word.

1. No menu *Ribbon*, guia *Annotate*, dentro do painel *Text*, selecione o comando *Multiline Text*. Você também pode ativá-lo pela linha de comando, digitando "multilinetext", ou o atalho "MT", e confirmando com a tecla *Enter*.

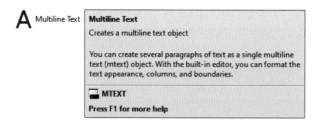

2. A linha de comando vai apresentar a informação "MTEXT: Specify first corner:", solicitando, assim, o primeiro ponto para a criação de uma caixa de texto na qual serão digitadas as informações necessárias.

3. O cursor do mouse será representado com a indicação de *Cross*, de seleção de ponto, e a representação *abc*, que indica que o comando de texto está ativado. Clique no primeiro ponto para a criação da caixa de texto e movimente o mouse.

4. Note que a representação de uma caixa de texto será criada, delimitando, assim, o espaço para a criação das informações. Selecione, então, o segundo ponto para a criação da caixa de texto.

5. O menu *Ribbon* apresentará a guia *Text Editor* em destaque, com diversos campos e funções que poderão ajudar na criação do seu texto. Separaremos todos os painéis e as suas funções de forma que fique fácil para entender.

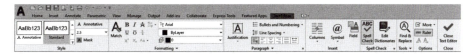

6. No painel *Style*, podemos escolher o estilo de texto, criado com auxílio do comando *Text Style*, como vimos no tópico anterior.

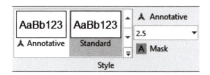

7. Ainda no painel *Style*, podemos ajustar:

- **Annotative**: ativa e desativa o texto anotativo, ajustando as dimensões conforme a escala de viewports ou vistas.
- **Text Height**: campo que permite alterar e ajustar a altura dos textos.
- **Mask**: cria um plano de fundo no texto digitado.

Exemplo Mask

8. No painel *Formatting*, podemos ajustar estilos visuais – como negrito, itálico e sublinhado –, padrão de texto com linha acima (*overline*) ou até mesmo um texto com uma linha central (*strikethrough*).

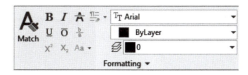

9. Ainda no painel *Formatting*, você poderá ajustar fonte, cor ou layer com que deverá ser criado seu texto. Nessa configuração, é aconselhado seguir os padrões existentes nas normas técnicas.

10. A opção *Match* permite que você copie o estilo de texto existente em um texto primário para outro grupo de texto secundário, gerando, assim, uma cópia de todos os estilos existentes de um para o outro.

11. Clicando na seta ao lado do nome do painel *Formatting*, você encontrará as configurações extras, como inclinação (*oblique*), espaçamento (*tracking*) e proporção de largura (*width factor*). Faça os ajustes conforme a necessidade de seu projeto.

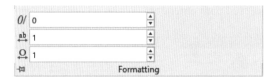

12. No painel *Paragraph*, você poderá ajustar o alinhamento e a justificação dos textos – podem ser centralizados, alinhados à esquerda ou alinhados à direita –, além de ajustar o alinhamento vertical. Outros recursos, como o *Line Spacing*, permitem ajustar a dimensão entre as linhas do parágrafo digitado.

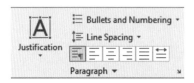

13. Ainda no painel *Paragraph*, a opção *Bullets and Numbering* permite a crição de indicadores numéricos, com letras ou símbolos antes de cada linha ou parágrafo do seu texto. Esse recurso auxilia na organização e separação de dados em seu projeto. Veja os exemplos a seguir:

14. No painel *Insert*, você poderá ajustar a separação do texto por colunas (*Columns*) e inserir símbolos e sinais (*Symbol*).

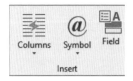

15. Habilitando a opção *Field* do painel *Insert*, você poderá inserir informações geradas pelo seu arquivo *.dwg, como nome do autor do projeto, data e hora de verificação, ou até mesmo o diretório no qual o arquivo está salvo.

16. Na coluna de informações *Field names*, escolha o grupo de dados necessários e, na coluna *Format*, selecione qual informação deseja inserir. Selecione a propriedade conforme a sua necessidade e clique no botão *OK*.

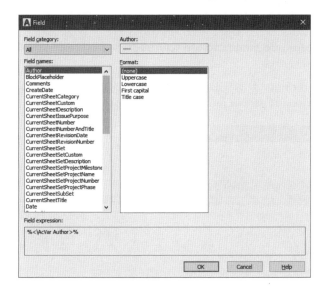

17. No painel *Spell Check*, você terá configurações de correção da ortografia e escolha do idioma a ser utilizado nos textos.

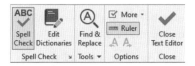

18. No painel *Tools*, você encontrará ferramentas de busca e substituição das palavras já inseridas no texto.

19. No painel *Options*, temos a opção de inserir caracteres especiais e ativar ou desativar a régua de orientação, além dos comandos *Undo* e *Redo*, que, respectivamente, desfazem e refazem as alterações executadas.

Comando Texto

Comando Texto

20. Digite e faça todos os ajustes em seu texto, sempre priorizando o perfeito entendimento e a interpretação dos dados necessários, e confirme clicando no botão *Close Text Editor*. Outra forma de concluir a criação do texto é pressionando a tecla *Enter*.

21. Caso tenha feito alguma modificação na caixa de texto, como alteração no texto ou nas propriedades, e tenha cancelado ou pressionado a tecla *Esc*, o AutoCAD

apresentará a janela *Multiline Text – Unsaved Changes*, perguntando se deseja salvar as modificações executadas.

- **Yes:** salva as modificações e altera o texto.
- **No:** descarta as modificações, não alterando o texto.
- **Cancel:** cancela a confirmação de modificação e retorna para a caixa de texto, a fim de continuar as modificações.
- **Always perform my current choice:** selecionando esta caixa, o AutoCAD manterá como padrão a opção selecionada para as próximas criações de texto.

 Exercício

Para criar um texto simples em somente uma linha, veja o arquivo "Criação de texto – *Single Line*", no material disponibilizado no link informado na página 11.

Comando *Text Edit* (*TEDIT*)

Após a conclusão dos textos, você poderá precisar executar melhorias ou correções nas informações inseridas. Para isso, vamos utilizar o comando *Text Edit*.

1. Na linha de comando, digite o atalho "TEDIT" e confirme com a tecla *Enter*.
2. A linha de comando informará "TEXTEDIT: Select an annotation object or [Undo/Mode]:".

- **Undo:** permite desfazer a última alteração executada no campo de edição.
- **Mode:** ajusta qual método de edição será executado, podendo ser a opção *Single* (edição em somente um campo de texto e posterior finalização do comando) ou a opção *Multiple* (alteração em diversos campos de texto sem finalizar o comando).

3. Selecione o texto que deseja editar. Se ele foi criado pelo método *Multiline Text*, as informações serão demonstradas no menu *Ribbon*. Se ele foi criado pelo método *Single Line*, as informações serão corrigidas diretamente na linha do texto.
4. Para finalizar, clique em um ponto da área de trabalho do AutoCAD e pressione a tecla *Esc*.

Outro método direto para obter esse recurso é dar um duplo clique com o botão esquerdo do mouse, habilitando de forma rápida e fácil as edições nos textos de seu projeto.

Anotações

Anotações

8

Informações no projeto – cotas

OBJETIVOS

» Conhecer as formas de inserir cotas em um projeto no AutoCAD.

» Aprender a configurar estilo de cota

» Utilizar cotas lineares, de raio, de diâmetro, angulares, alinhadas, *Multileader* e contínuas

Cotas lineares, raio, diâmetro, entre outros, são elementos fundamentais para um perfeito entendimento do desenho a ser elaborado.

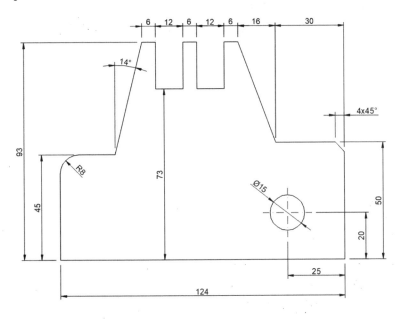

Configurando estilo de cota – Dimension Style Manager

A configuração é primordial para seguir padrões impostos pelos clientes e normas técnicas e até mesmo para a alteração visual conforme sua necessidade.

1. No menu *Ribbon*, na guia *Annotate*, dentro do painel *Dimensions*, clique na seta inclinada que fica na extremidade da faixa na qual o nome do painel é apresentado, habilitando, assim, o comando *Dimension Style*. Você também pode ativá-lo pela linha de comando, digitando "dimstyle", ou o atalho "D", e confirmando com a tecla *Enter*.

2. A janela *Dimension Style Manager* será aberta, apresentando as opções de configuração e criação de novos estilos de cotas.

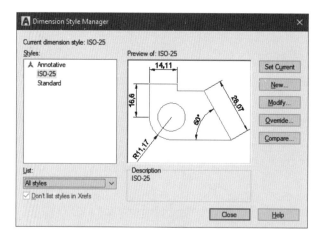

3. Na parte superior, é demonstrada qual configuração de estilo de cota está sendo utilizada como padrão no arquivo. Nesse caso, o item *Current dimension style* indica o padrão "ISO-25", assim, todas as cotas criadas pelo comando *Dimension* seguirão o padrão informado.

4. No campo *Styles*, serão demonstrados todos os estilos de padrões existentes em seu desenho. Note que, no campo inferior *List*, temos duas opções:

- **All styles**: demonstra todos os estilos criados em seu arquivo.

- **Styles in use**: demonstra somente os estilos de cotas que estão sendo utilizados em seu arquivo, filtrando, assim, os elementos que deseja modificar ou corrigir.

5. O campo *Preview of:* demonstra uma prévia de como as cotas serão criadas conforme a configuração do padrão selecionado, o que facilita e ajuda a escolher o melhor estilo de cota possível.

6. Na parte inferior, encontramos o campo *Description*, no qual o desenhista responsável pela criação inseriu informações que poderão auxiliar na escolha correta do estilo de cota. Por exemplo, quais normas foram seguidas e até mesmo a finalidade do estilo da cota.

7. Ao lado, encontramos cinco botões, explicados a seguir:

- **Set Current**: torna o estilo de cota selecionado como padrão para o seu arquivo. Sendo assim, toda vez que uma cota for criada, esse padrão de estilo já estará ativo para uso.

- **New...**: permite a criação de um novo estilo de cota para seu projeto.

- **Modify...**: habilita as configurações existentes em um padrão de cota selecionado, permitindo a correção ou melhoria dele.

- **Override...**: permite a substituição do estilo de cotas por um padrão temporário em seu projeto. Ao habilitar essa opção, o AutoCAD apresentará a janela de edição padrão, e, ao finalizar, será apresentado no campo *Styles* um novo estilo vinculado ao padrão. No campo *Description*, será demonstrado o padrão original, com todas as edições executadas no padrão de substituição.

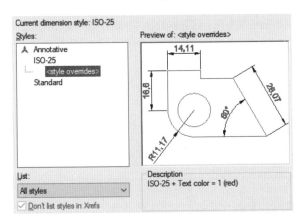

- **Compare...**: permite executar a comparação entre dois estilos de cotas criadas em seu projeto. Ao habilitar o botão, a janela *Compare Dimension Styles* será aberta, apresentando os campos *Compare* ("comparar") para o primeiro padrão de cota e *With* ("com") para a seleção do segundo estilo de cota – ou seja, a ideia é "comparar com". Na parte inferior da janela, será informada a quantidade de modificações existentes entre as duas cotas e quais os valores dos parâmetros configurados em cada estilo.

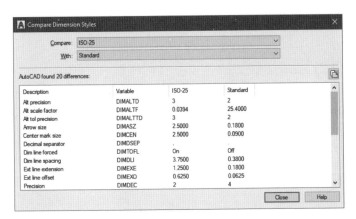

8. Caso seja necessário, você pode copiar para a área de transferência do Windows todas as informações de comparação. Para isso, selecione o botão *Copy*, no lado direito da janela.

9. Caso deseje tornar padrão, deletar ou até mesmo renomear um padrão de estilo de cota de forma rápida e fácil, no campo *Styles*, clique com o botão direito do mouse em cima do nome do padrão e selecione uma das opções apresentadas:

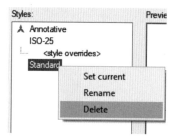

- **Set current**: torna padrão determinado estilo de cota.
- **Rename**: renomeia o estilo de cota selecionado.
- **Delete**: deleta o padrão de cota. Caso o estilo esteja sendo utilizado em seu desenho, o AutoCAD informará que não é possível deletar.

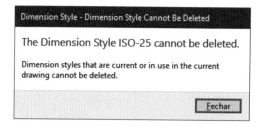

Configurando estilo de cota – criando novo padrão

1. Habilite o comando *Dimension Style Manager*, como visto anteriormente.

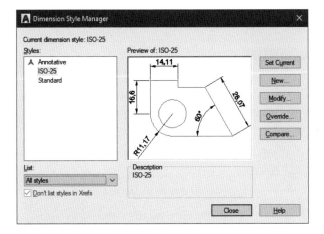

2. Selecione o botão *New Style Name*.

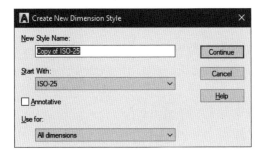

3. A janela *Create New Dimension Style* será carregada, apresentando as seguintes opções:

- **New Style Name**: campo de preenchimento do nome do estilo de cota.
- **Start With**: permite começar a criação de um novo estilo de cota com base em um estilo já existente em seu arquivo *.dwg.
- **Annotative**: habilitando a caixa de seleção da opção *Annotative*, o estilo de cota será ajustado conforme o padrão de escala de viewport ou vista do seu desenho. Não é necessário ajustar a altura do texto, as dimensões dos símbolos de cotas (indicadores, setas, espaçamento da origem), entre outros recursos.
- **Use for**: permite escolher em quais tipos de cotas o estilo será utilizado. Um exemplo seria a criação de um estilo de cota para ser utilizado somente nas cotas lineares (comprimento, altura, espessura). Neste caso, a opção seria *Linear dimensions*. É recomendado que, para o padrão geral de cotas, seja selecionada a opção *All dimensions*.

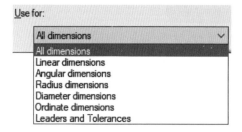

4. Preencha os campos e altere as opções conforme a necessidade de seu projeto, e confirme, clicando no botão *Continue*.

5. A janela *New Dimension Style:* será apresentada com as seguintes guias:

- **Lines**: configura os padrões das linhas de dimensão e extensão das cotas.
- **Symbols and Arrows**: configura os padrões dos símbolos das cotas.
- **Text**: configura os padrões de textos.
- **Fit**: ajusta a proporção dimensional dos estilos de cotas.
- **Primary Units**: configura e altera os padrões das unidades primárias.
- **Alternate Units**: configura e altera os padrões das unidades secundárias (cotas alternativas) em seu desenho.
- **Tolerances**: ajusta os padrões de tolerância dimensional nas cotas.

A fim de facilitar o entendimento das guias apresentadas, nos próximos tópicos, vamos explicar cada uma e as suas principais funções.

6. Na guia *Lines*, temos estas configurações:

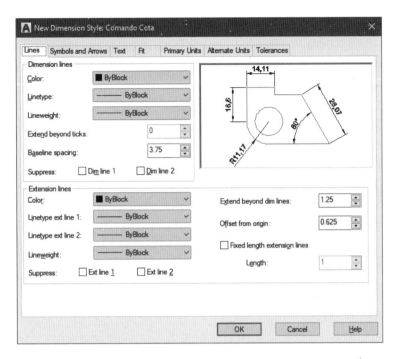

- ***Dimension lines***: permite ajustar as propriedades das linhas dimensionais que formam as cotas, como ajuste de cor (*Color*), padrão de linha (*Linetype*), espessura (*Lineweight*) e espaçamento das linhas de base das cotas (*Baseline spacing*). Essas linhas são as principais na orientação das cotas. Você ainda pode suprimi-las habilitando as opções *Suppress Dim line 1* e *Suppress Dim line 2*.

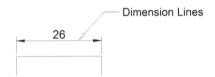

- ***Extension lines***: permite ajustar as propriedades das linhas de extensão que formam as cotas, como ajuste de cor (*Color*), padrão de linha para a extensão 1 e 2 (*Linetype ext line 1* e *Linetype ext line 2*), espessura (*Lineweight*) e espaçamento das linhas de base das cotas (*Baseline spacing*). Essas linhas ligam a origem da cota com a referência do desenho. Você ainda pode suprimi-las, habilitando as opções *Suppress Ext line 1* e *Suppress Ext line 2*.

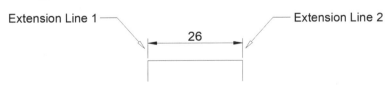

No grupo *Extension lines*, você ainda pode ajustar estas opções:

- *Extend beyond dim lines*: ajusta a dimensão superior da linha de extensão após a linha principal da cota.

- *Offset from origin*: ajusta a dimensão entre a origem da cota (geometria em seu projeto) até o início da criação das linhas de extensão.

- *Fixed length extension lines*: ajusta a dimensão das linhas de extensão com base em um valor fixo.

7. Na guia *Symbols and Arrows*, temos as seguintes configurações:

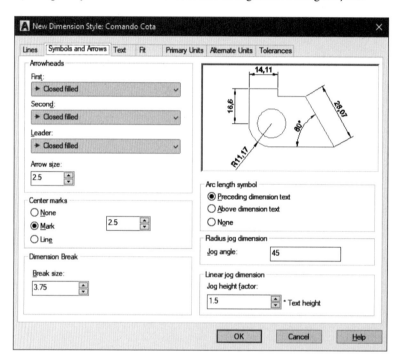

- *Arrowheads*: permite alterar os padrões das pontas das cotas, tanto para o primeiro quanto para o segundo lado. Os padrões mais utilizados são *Closed filled* e *Oblique*. Você também pode ajustar o padrão da ponta das setas de informações *Leader*.

160 – AutoCAD: projetos em 2D e recursos adicionais

- **Center marks**: permite o ajuste dimensional da marcação de centro. Ele também poderá ser desabilitado (*None*) ou alterado para o padrão de linha (*Line*).
- **Dimension Break**: ajusta a proporção do símbolo de quebra.

- **Arc length symbol**: permite ajustar a representação do símbolo da cota de arco. Suas opções são antes da dimensão, acima da dimensão ou a opção desligada.

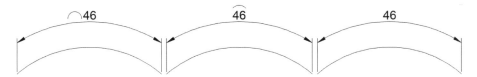

- **Radius jog dimension**: permite ajustar o ângulo do símbolo de quebra em dimensões de raio.

- **Linear jog dimension**: permite ajustar a proporção dimensional do símbolo de quebra das dimensões que utilizam a configuração *Jogged*.

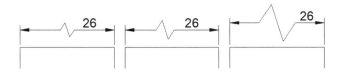

8. Na guia *Text*, temos as seguintes configurações:

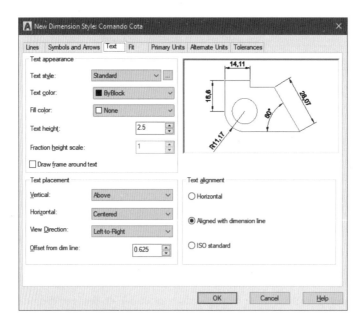

- **Text appearance**: ajusta o estilo e os padrões dos textos que vão compor a criação das cotas. Caso queira utilizar um padrão de texto criado anteriormente, selecione a opção *Text style* e a melhor opção. Você ainda poderá ajustar as cores, o padrão de plano de fundo e as proporções de altura.

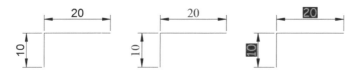

- **Text placement**: permite selecionar a forma de representação e de leitura dos textos, com as opções abaixo, acima ou no centro da linha de cota. Outro fator que pode interferir na interpretação do seu projeto é o ajuste do campo *View Direction*, que permite selecionar a leitura da esquerda para a direita (padrão utilizado pelas normas nacionais) ou da direita para a esquerda.

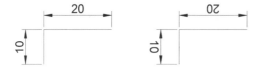

- **Text alignment**: ajusta o alinhamento do texto conforme a proporção horizontal (*Horizontal*), o alinhamento com a linha de cota (*Aligned with dimension line*) ou os padrões da norma ISO (*ISO standard*).

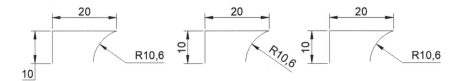

9. Na guia *Fit*, temos as seguintes configurações:

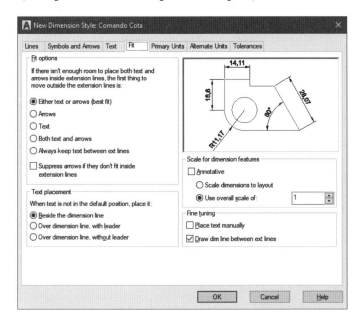

- **Fit options**: permite o ajuste dimensional dos símbolos das cotas (setas) e do texto. Com isso, as proporções serão ajustadas conforme a prioridade escolhida, gerando, assim, uma melhor interpretação.

- **Text placement**: permite ajustar a posição do texto quando ele não estiver na posição padrão.

- **Scale for dimension features**: ajusta as proporções de símbolos, textos e linhas de extremidade das cotas, utilizando o sistema *Annotative* ou o sistema de escala global (*Use overall scale of*).

> Quando você executar uma cota em seu desenho e ela apresentar uma proporção desajustada (muito grande ou muito pequena), evite alterar as dimensões de afastamento, a dimensão dos símbolos ou o tamanho dos textos. Uma forma fácil e direta é ajustar o campo *Use overall scale of:*. O valor padrão sempre será 1, de forma que valores menores vão diminuir a proporção de escala e valores acima de 1 vão aumentar a proporção de escala. Esse ajuste não altera os valores nominais das cotas, garantindo, assim, a precisão de seu projeto.

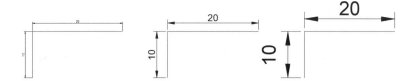

- **Fine tuning**: permite habilitar ajustes adicionais, como o posicionamento manual dos textos, ou desenhar as linhas das cotas entre as extremidades.

10. Na guia *Primary Units*, temos as seguintes configurações:

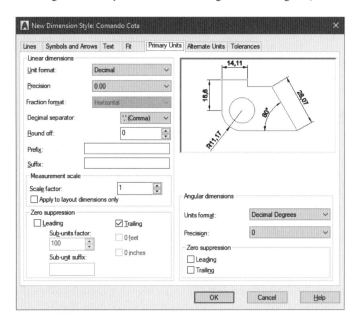

- **Linear dimensions**: permite ajustar a forma de apresentação dos valores, que pode ser decimal, fração ou científica, assim como formas de engenharia e arquitetura. Nesse campo, ainda podemos ajustar a precisão das casas decimais e a forma de separação decimal das cotas, junto aos sufixos e prefixos que vão compor as dimensões.

- **Measurement scale**: permite alterar a proporção das cotas em um fator de multiplicação. Esse ajuste altera os valores das cotas, de forma que pode haver erros de interpretação ou até mesmo ajustes dimensionais equivocados em seu projeto. Caso preencha com o valor 2, todas as cotas serão multiplicadas pelo fator 2. Sendo assim, a dimensão de 10 unidades passa a ter 20 unidades, a dimensão de 50 unidades passa a ter 100 unidades, e assim sucessivamente.

- **Zero suppression**: permite suprimir os zeros antes e depois da casa decimal.

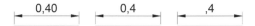

- **Angular dimensions**: permite ajustar a forma de representação de cotas angulares, podendo ser decimal, decimal com minutos e segundos, sistema grados ou radianos. Esse campo ainda permite configurar a precisão das dimensões angulares, como a supressão dos zeros antes e depois da casa decimal.

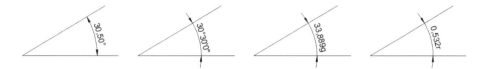

11. Na guia *Alternate Units Arrows*, temos as seguintes configurações:

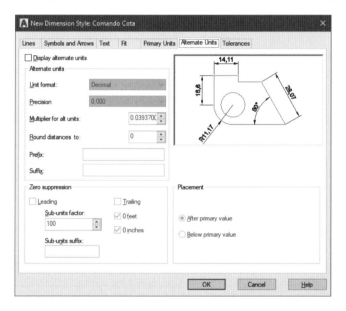

- **Display alternate units**: habilitando a caixa de seleção da opção, as dimensões apresentarão uma segunda unidade dimensional em seu projeto.

- **Alternate units**: permite o ajuste da forma de apresentação dos valores da cota secundária, podendo ser em decimal, fração ou científica, assim como formas de engenharia e arquitetura. Neste campo, ainda podemos ajustar a precisão das casas decimais e a forma de separação decimal das cotas, junto aos sufixos e prefixos que vão compor as dimensões.

- **Zero suppression**: permite suprimir os zeros antes e depois da casa decimal.
- **Placement**: permite ajustar a representação da dimensão secundária na frente da cota principal ou abaixo dela.

12. Na guia *Tolerances*, temos as seguintes configurações:

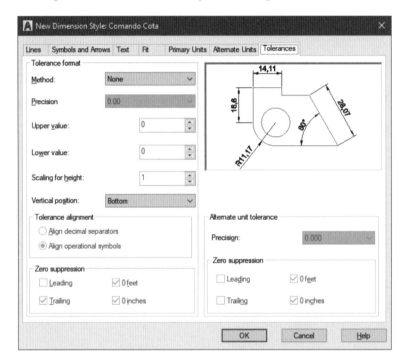

- **Tolerance format**: permite escolher o método de tolerância inserido nas cotas, a quantidade de casas decimais aumentando sua precisão, os valores de limites superiores e inferiores e até mesmo sua forma de representação, podendo ser abaixo, acima ou no meio da cota.

 Preenchendo o campo de tolerância dimensional, todas as cotas criadas após os ajustes e as configurações terão as mesmas proporções de tolerância.

- **Tolerance alignment**: permite ajustar o alinhamento da representação das tolerâncias dimensionais.
- **Zero suppression**: permite suprimir os zeros antes e depois da casa decimal.

- **Alternate unit tolerance**: permite ajustar as tolerâncias nas dimensões secundárias (esta opção só estará ativa caso seja habilitada a caixa de seleção *Display alternate units*, na guia *Alternate Units*). Neste campo, ainda podemos ajustar a quantidade de casas decimais, aumentando a sua precisão, e suprimir os zeros antes ou depois das casas decimais.

13. Execute todos os ajustes necessários para que a dimensão atenda a todas as exigências solicitadas em seu projeto.

14. Para concluir, clique no botão *OK*.

15. A janela *Dimension Style Manager* será apresentada com o novo estilo de cota, inserido no campo *Styles*.

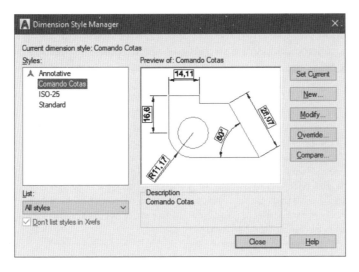

16. Para finalizar o comando, clique no botão *Close* ou confirme pressionando a tecla *Enter*.

COTAS LINEARES – *LINEAR*

A função de cotas lineares, ou *Linear*, permite a criação de cotas baseadas em geometrias lineares ou em dois pontos de precisão. Veja estes exemplos:

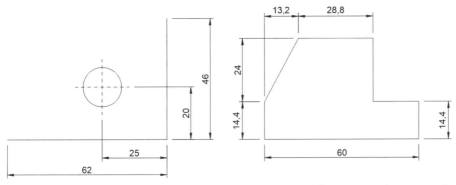

1. No menu *Ribbon*, na guia *Annotate*, dentro do painel *Dimensions*, clique na seta ao lado do comando *Dimension* e ative a opção *Linear*. Você também pode ativá-lo pela linha de comando, digitando "dimlinear", ou o atalho "DLI", e confirmando com a tecla *Enter*.

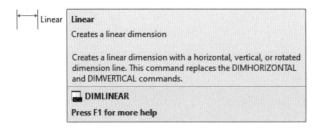

2. A linha de comando informará "DIMLINEAR: Specify first extension line origin or <select object>:", solicitando, assim, a seleção do primeiro ponto de precisão da geometria que você deseja medir.

 Com a finalidade de agilizar e facilitar o processo de criação de cotas, nesta etapa, podemos alterar para a opção *select object*. Para isso, clique na opção apresentada na linha de comando, ou simplesmente pressione a tecla *Enter*. Neste ponto, o AutoCAD apresentará, na linha de comando, a informação "DIMLINEAR: Select object to dimension:". Com o auxílio do cursor, selecione a geometria que deseja dimensionar. Movimente o mouse e clique na melhor posição para a criação da cota. Após essa etapa, o comando será concluído, e sua cota estará finalizada. Caso não utilize esses recursos, continue com as etapas que serão apresentadas a seguir.

3. Com o cursor do mouse, selecione o primeiro ponto de precisão da geometria.

Ponto 01

4. Novamente na linha de comando, verifique que a informação "DIMLINEAR: Specify second extension line origin:" será apresentada, solicitando, assim, a seleção do segundo ponto de precisão da geometria que você deseja medir.

5. Com o cursor do mouse, selecione o segundo ponto de precisão da geometria.

Ponto 02

6. A linha de comando informará "DIMLINEAR: Specify dimension line location or [Mtext/Text/Angle/Horizontal/Vertical/Rotated]:", apresentando as opções explicadas a seguir:

- *MText*: permite editar o texto por meio do sistema do comando *Multiline Text*, inserindo símbolos ou até mesmo editando os valores apresentados na cota.
- *Text*: permite editar o texto por meio do sistema do comando *Text*, inserindo símbolos ou até mesmo editando os valores apresentados na cota.
- *Angle*: ajusta o ângulo de rotação da caixa de texto da cota.
- *Horizontal*: executa a cota linear no sentido horizontal.
- *Vertical*: executa a cota linear no sentido vertical.
- *Rotated*: executa a cota linear, rotacionando o ponto base, as linhas de extensão e o próprio texto.

7. Caso não execute a escolha de nenhuma dessas opções, movimente o mouse e clique na melhor posição para a criação da cota.

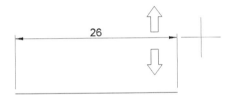

8. A dimensão linear será criada, e o comando, concluído.

COTAS DE RAIO – *RADIUS*

A função cota de raio, ou *Radius*, permite a criação de cotas baseadas na seleção de círculos, semicírculos e arredondamentos executados pelo comando *Fillet*. Veja os exemplos a seguir:

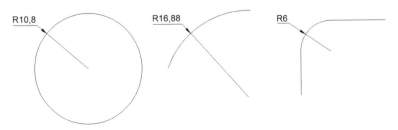

1. No menu *Ribbon*, na guia *Annotate*, dentro do painel *Dimensions*, clique na seta ao lado do comando *Dimension* e ative a opção *Radius*. Você também pode ativá-lo pela linha de comando, digitando "dimradius", ou o atalho "DRA", e confirmando com a tecla *Enter*.

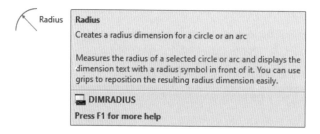

2. A linha de comando informará "DIMRADIUS: Select arc or circle:", solicitando, assim, a seleção do círculo ou arco que deseja medir.

3. Com o cursor do mouse, selecione a geometria necessária.

4. A linha de comando informará "DIMRADIUS: Specify dimension line location or [Mtext/Text/Angle]:", com estas opções:

- **MText**: permite editar o texto utilizando o sistema do comando *Multiline Text*, inserindo símbolos ou até mesmo editando os valores apresentados na cota.

- **Text**: permite editar o texto utilizando o sistema do comando *Text*, inserindo símbolos ou até mesmo editando os valores apresentados na cota.

- **Angle**: ajusta o ângulo de rotação da caixa de texto da cota.

5. Caso não escolha nenhuma das opções, movimente o mouse e clique na melhor posição para a criação da cota.

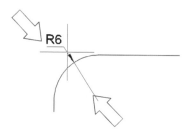

6. A dimensão *Radius* será criada, e o comando, concluído. Note que as dimensões de raio apresentarão automaticamente um prefixo com letra "R", indicando que se trata de uma cota de raio.

Cotas de diâmetro – *Diameter*

A função cota de diâmetro, ou *Diameter*, permite a criação de cotas baseadas na seleção de círculos. Mesmo não sendo uma representação muito usual, o comando também permite a seleção de arcos e arredondamentos. Veja estes exemplos:

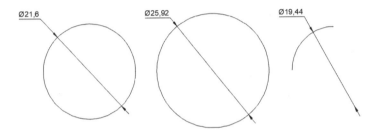

1. No menu *Ribbon*, na guia *Annotate*, dentro do painel *Dimensions*, clique na seta ao lado do comando *Dimension* e ative a opção *Diameter*. Você também pode ativá-lo pela linha de comando, digitando "dimdiameter", ou o atalho "DDI", e confirmando com a tecla *Enter*.

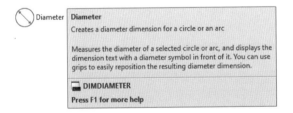

2. A linha de comando informará "DIMDIAMETER: Select arc or circle:", solicitando, assim, a seleção círculo ou arco que deseja medir.

3. Com o cursor do mouse, selecione a geometria necessária.

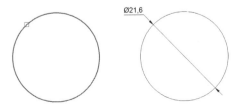

4. A linha de comando informará "DIMDIAMETER: Specify dimension line location or [Mtext/Text/Angle]:", com estas opções:

- **MText**: permite editar o texto utilizando o sistema do comando *Multiline Text*, inserindo símbolos ou até mesmo editando os valores apresentados na cota.
- **Text**: permite editar o texto utilizando o sistema do comando *Text*, inserindo símbolos ou até mesmo editando os valores apresentados na cota.
- **Angle**: ajusta o ângulo de rotação da caixa de texto da cota.

5. Caso não escolha nenhuma das opções, movimente o mouse e clique na melhor posição para a criação da cota.

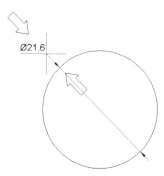

6. A dimensão *Diameter* será criada, e o comando, concluído. Note que as dimensões apresentarão automaticamente um prefixo com letra "Ø", indicando que se trata de uma cota de diâmetro.

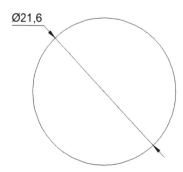

Cotas angulares – *Angle*

A função cota de ângulo, ou *Angle*, permite a criação de cotas baseadas na seleção de duas geometrias com ângulos agudos ou obtusos entre si. Nesta opção, geometrias que apresentem ângulos retos entre si não poderão ser selecionadas. Veja estes exemplos:

1. No menu *Ribbon*, na guia *Annotate*, dentro do painel *Dimensions*, clique na seta ao lado do comando *Dimension* e ative a opção *Angular*. Você também pode ativá-lo pela linha de comando, digitando "dimangular", ou o atalho "DAN", e confirmando com a tecla *Enter*.

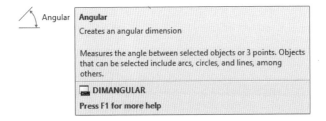

2. A linha de comando informará "DIMANGULAR: Select arc, circle, line, or <specify vertex>:", solicitando, assim, a seleção das geometrias cujos ângulos deseja medir entre si.

3. Com o cursor do mouse, selecione a primeira geometria necessária. Após a seleção, ela será representada no padrão de linha tracejada.

4. Novamente na linha de comando, verifique que será informado "DIMANGULAR: Select second line:", solicitando, assim, a seleção da segunda geometria.

5. Com o cursor do mouse, selecione a segunda geometria necessária.

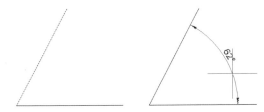

6. A linha de comando informará "DIMANGULAR: Specify dimension arc line location or [Mtext/Text/Angle/Quadrant]:", com estas opções:

- *MText*: permite editar o texto utilizando o sistema do comando *Multiline Text*, inserindo símbolos ou até mesmo editando os valores apresentados na cota.

- *Text*: permite editar o texto utilizando o sistema do comando *Text*, inserindo símbolos ou até mesmo editando os valores apresentados na cota.

- *Angle*: ajusta o ângulo de rotação da caixa de texto da cota.

- **Quadrant**: permite selecionar para qual quadrante a dimensão angular será referenciada.

7. Caso não escolha nenhuma das opções, movimente o mouse e clique na melhor posição para a criação da cota angular.

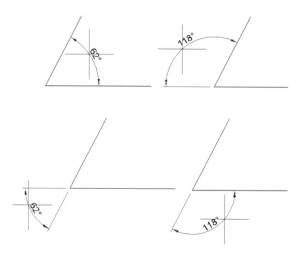

8. A dimensão *Angular* será criada, e o comando, concluído.

COTAS ALINHADAS – *ALIGNED*

A função cota alinhada, ou *Aligned*, permite a criação de cotas lineares orientadas no sentido e na direção das geometrias ou dos pontos de precisão selecionados. Veja estes exemplos:

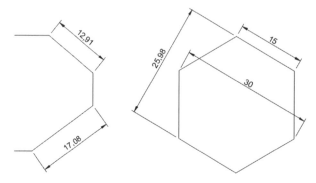

1. No menu *Ribbon*, na guia *Annotate*, dentro do painel *Dimensions*, clique na seta ao lado do comando *Dimension* e ative a opção *Aligned*. Você também pode ativá-la pela linha de comando, digitando "dimaligned", ou o atalho "DAL", e confirmando com a tecla *Enter*.

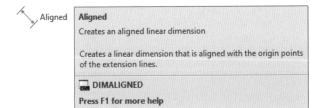

2. A linha de comando informará "DIMALIGNED: Specify first extension line origin or <select object>:", solicitando, assim, a seleção do primeiro ponto de precisão da geometria que deseja medir.

> Com a finalidade de agilizar e facilitar o processo de criação de cotas, nesta etapa, podemos alterar para a opção *select object*. Para isso, clique na opção apresentada na linha de comando, ou simplesmente pressione a tecla *Enter*. Neste ponto, o AutoCAD apresentará, na linha de comando, a informação "DIMALIGNED: Select object to dimension:". Com o auxílio do cursor, selecione a geometria que deseja dimensionar. Movimente o mouse e clique na melhor posição para a criação da cota. Após essa etapa, o comando será concluído, e sua cota, finalizada. Caso não utilize esses recursos, continue com as etapas que serão apresentadas a seguir.

3. Com o cursor do mouse, selecione o primeiro ponto de precisão da geometria.

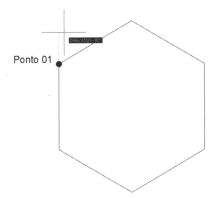

4. Novamente na linha de comando, verifique que a informação "DIMALIGNED: Specify second extension line origin:" será apresentada, solicitando, assim, a seleção do segundo ponto de precisão da geometria que deseja medir.

5. Com o cursor do mouse, selecione o segundo ponto de precisão da geometria.

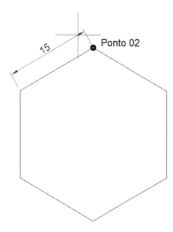

6. A linha de comando informará "DIMALIGNED: Specify dimension line location or [Mtext/Text/Angle]:", com estas opções:

- **MText**: permite editar o texto utilizando o sistema do comando *Multiline Text*, inserindo símbolos ou até mesmo editando os valores apresentados na cota.

- **Text**: permite editar o texto utilizando o sistema do comando *Text*, inserindo símbolos ou até mesmo editando os valores apresentados na cota.

- **Angle**: ajusta o ângulo de rotação da caixa de texto da cota.

7. Caso não escolha nenhuma das opções, movimente o mouse e clique na melhor posição para a criação da cota.

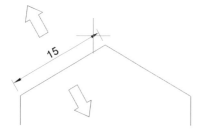

8. A dimensão alinhada será criada, e o comando, concluído.

Cotas Multileader

A função *Multileader* permite a criação de textos com indicações de linha de chamada e setas de localização. Isso facilita a inserção de informações e detalhes em seu projeto. Veja este exemplo:

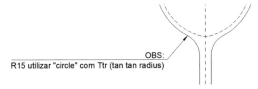

1. No menu *Ribbon*, na guia *Annotate*, dentro do painel *Leaders*, clique no ícone do comando *Multileader*. Você também pode ativá-lo pela linha de comando, digitando a palavra "multileader", ou o atalho "MLEADER", e confirmando com a tecla *Enter*.

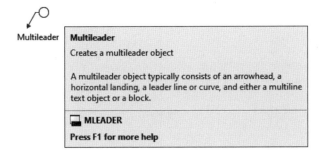

2. Na linha de commando, será informado "MLEADER: Specify leader arrowhead location or [leader Landing first/Content first/Options]:", com estas opções:

- **leader Landing first**: especifica primeiro a localização do texto, gerando a linha de chamada posteriormente.

- **Content first**: especifica primeiro a localização do texto, gerando a linha de chamada posteriormente.

- **Options**: permite alterar as configurações da linha de chamada.

3. Movimente o mouse e escolha um ponto de precisão no qual deseja criar o comando *MLeader*.

4. Na linha de comando, será informado "MLEADER: Specify leader landing location", solicitando o ponto de quebra da linha de chamada no qual o texto será inserido. Recomendamos que movimente o mouse e verifique se a seta criada no início da linha de chamada está completa. Ela só será criada se atingir as dimensões mínimas da configuração.

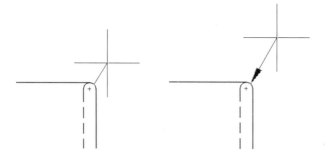

5. Clique em um ponto da área de trabalho do AutoCAD.

6. Na caixa de texto que aparecerá na extremidade da linha de chamada, preencha as informações necessárias para o seu projeto.

7. Para finalizar o comando, clique em qualquer ponto na área de trabalho. Caso pressione a tecla *Enter*, será acrescentada uma nova linha de digitação na caixa de texto.

🗗 Exercício

Para conhecer e aprender a utilizar outras cotas, como as contínuas (*Continue* e *Baseline*) e as ordenadas (*Ordinate*), consulte o arquivo "Cotas – opções", no material disponibilizado no link informado na página 11.

Anotações

Anotações

9
Comandos de configuração e customização

OBJETIVOS

» Aprender a trabalhar com layers (camadas) para configurar elementos do projeto

» Conhecer os comandos relacionados à função *Layers*

Comando *Layers*

Dentro da padronização e da criação de projetos, sejam eles na área de design gráfico, projetos mecânicos, projetos arquitetônicos, entre outros, necessitaremos de linhas com padrões diferentes, com cores, espessuras ou até mesmo padrões específicos (linha contínua/linha tracejada/linha de centro), conforme a finalidade de cada item.

Tecnicamente, chamamos essa função de *Layers*; porém, no dia a dia de trabalho, será comum você escutar que essas funções têm o nome de camadas. Nas próximas explicações, referenciaremos tais configurações como *Layers*.

No exemplo seguinte, temos diversos padrões de linhas criadas, conforme as especificações de normas e padrões.

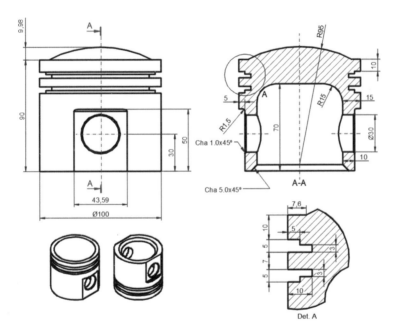

Isso auxilia na interpretação e organização do seu projeto, pois, além da estética, podemos desabilitar a sua visualização, congelá-la ou até mesmo proibir sua impressão no formato digital ou físico.

Na figura a seguir, estão representadas somente as linhas de contorno e hachura do projeto. As demais geometrias foram ocultas, mas, quando necessário, podemos habilitar a visualização novamente, na área de trabalho do AutoCAD.

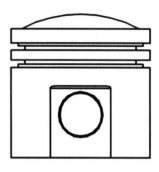 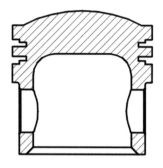

Comando Layers – *criação e configuração*

Para fazer corretamente a criação e a configuração de novos *Layers*, execute os passos a seguir:

1. No menu *Ribbon*, na guia *Draw*, dentro do painel *Layers*, clique no ícone do comando *Layer Properties*. Você também pode ativá-lo pelo atalho "LA" e confirmar com a tecla *Enter*.

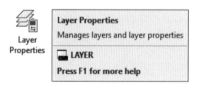

2. A janela *Layer Properties Manager* será carregada e apresentará os campos de criação e customização.

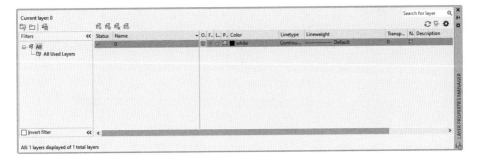

3. Na parte superior, encontramos quatro ícones:

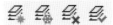

- **New Layer**: permite a criação de um novo padrão de *Layer*. Seu atalho de teclado é *Alt + N*.
- **New Layer VP Frozen in All Viewports**: permite a criação de um novo *Layer* com a configuração de *View Port Frozen* habilitada.
- **Delete Layer**: exclui a propriedade de um *Layer* criado. Seu atalho de teclado é *Alt + D*.
- **Set Current**: torna a propriedade de um *Layer* como padrão para as próximas geometrias criadas em seu projeto. Seu atalho de teclado é *Alt + C*.

4. Com a finalidade de compreender a configuração dos estilos e das propriedades dos *Layers*, habilite a opção *New Layer*.

5. Automaticamente, na coluna *Name* será demonstrado o novo *Layer* com o nome "Layer1". Isso pode ser alterado conforme a necessidade de seu projeto.

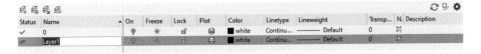

6. Nas colunas seguintes, encontramos estas configurações:

- **ON/OFF**: permite ligar e desligar a visibilidade do *Layer* na área de trabalho do AutoCAD. Seu ícone será representado por uma pequena lâmpada acesa, para a opção *ON*, e uma pequena lâmpada apagada, para a opção *OFF*.
- **Freeze**: configura a propriedade de congelamento do *Layer*, permitindo que fique invisível, o que acelera processos de regeneração ou até mesmo permite escolher em quais viewports eles poderão ser apresentados.
- **Lock**: bloqueia a edição das geometrias desenhadas com o *Layer*. Funções de edição, exclusão e até mesmo de cópia serão proibidas. Caso selecione a geometria

com essa função, um cadeado será demonstrado logo acima do cursor do mouse, indicando que está bloqueada. Se tentar executar algum ajuste no desenho, a linha de comando informará "1 was on a locked layer.".

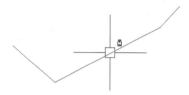

- *Plot*: permite ligar e desligar a função de impressão das geometrias desenhadas com este *Layer*. Clicando no ícone no formato de impressora, na coluna *Plot*, ela ficará com um sinal de proibido. Caso selecione novamente, o sinal de proibido será removido, permitindo, assim, a impressão delas.

- *Color*: permite executar a alteração no padrão de cor do *Layer*. Para isso, clique no quadrado presente na coluna *Color*, habilitando a janela *Select Color*. Ela será apresentada com três guias: *Index Color*, *True Color* e *Color Books*. Faça a escolha da melhor cor para o *Layer* em seu projeto.

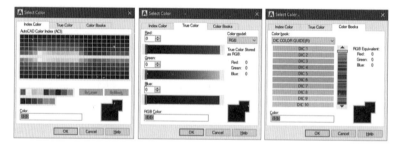

- *Linetype*: permite alterar o estilo visual das geometrias desenhadas com esse *Layer* – elas podem ser tracejadas, traço-ponto, zigue-zague, entre outros. Para isso, clique no nome apresentado na coluna *Linetype* (o padrão de um novo arquivo é a opção *Continuous*) e, na janela *Select Linetype*, escolha entre os padrões já carregados a melhor opção para seu *Layer*. Caso não encontre o padrão desejado, clique no botão *Load*, na janela *Load or Reload Linetypes*, e carregue um novo padrão para seu projeto. Repita o procedimento sempre que necessário.

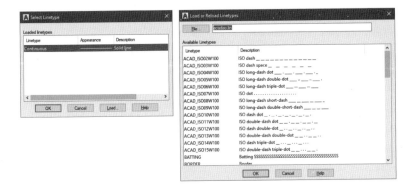

- **Lineweight**: permite alterar a espessura das geometrias desenhadas com esse *Layer* – elas podem ser mais grossas ou mais finas, dependendo da finalidade pretendida. Para isso, clique no nome apresentado na coluna *Lineweight* (o padrão de um novo arquivo é a opção *Default*) e, na janela *Lineweight*, escolha a espessura necessária para as geometrias configuradas nesse *Layer*.

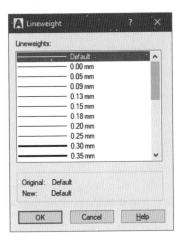

- **Transparency**: ajusta o fator de transparência das geometrias desenhadas com determinado *Layer*. Você poderá ajustar entre o valor 0 (sem transparência) até o valor 90 (90% de transparência e 10% de visibilidade).

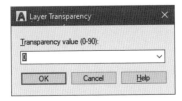

- **New VP Freeze**: permite ligar e desligar a opção de *Freeze* para as novas viewports criadas em seu processo de *Layout*.

- ***Description***: campo de preenchimento no qual você poderá colocar informações importantes sobre o layer configurado.

7. Faça os ajustes necessários nos *Layers* conforme a necessidade de seu projeto. Note que, com a evolução do projeto, você terá diversos *Layers*, permitindo, assim, ajustar com mais facilidade as geometrias desenhadas em seu AutoCAD.

8. Para finalizar, clique no ícone *Close* na parte superior direita da janela de edição.

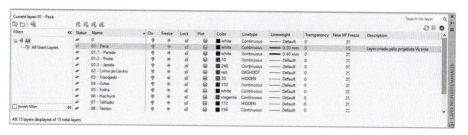

 Com a finalidade de manter seu projeto organizado, não é recomendada a execução de geometrias, textos ou qualquer outro recurso utilizando o *Layer* "0" ou "Default". Essas são configurações-padrão que permitem a cópia e a criação de novos recursos de *Layers*.

Caso tenha finalizado o processo de criação e edição dos *Layers* e precise ajustar outros itens, habilite novamente o comando *Layer Properties* e faça as modificações, correções e criações necessárias para seu projeto.

Comando Layers – escolha e edição

Durante o processo de criação do seu desenho, você poderá escolher qual *Layer* deverá ser utilizado para tal geometria. Dessa forma, poderá trocar entre as opções criadas, na função *Layer Properties*.

Para isso, no grupo *Layers*, habilite a cascata de opções e selecione o nome do padrão mais adequado.

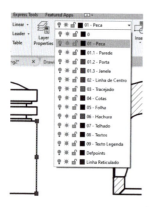

As próximas geometrias desenhadas estarão com o padrão de estilo do *Layer* selecionado. O mesmo poderá ser feito para itens já desenhados que necessitem ser corrigidos. Para isso, selecione a geometria na área de trabalho do AutoCAD e, na cascata de opções de *Layers*, selecione o nome do padrão mais adequado.

Essa cascata ainda permite realizar ajustes rápidos, como ligar e desligar as funções *ON*, *Freeze* e *Lock*, bastando, para isso, clicar em seus ícones, conforme a figura a seguir.

Selecionando o ícone *Color* na cascata de *Layers*, a janela *Select Color* será apresentada, evitando a necessidade de realizar a edição pelo comando *Layer Properties*.

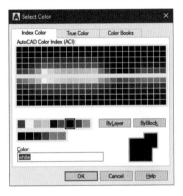

Comando Layers – ON/OFF

Sempre que necessário, você poderá habilitar novamente o comando *Layer Properties*, ou até mesmo a cascata de seleção de *Layer*, para ativar ou desativar a opção de visibilidade (*ON/OFF*).

É importante que, antes de executar essa edição, você saiba exatamente qual *Layer* precisa ser ajustado. Conforme o processo de criação vai se estendendo, ou caso o desenho não tenha sido feito por você, essa tarefa de localização e correção se torna exaustiva e imprecisa.

Com a finalidade de facilitar esse processo, podemos utilizar os recursos do comando *Layer Off*.

1. No menu *Ribbon*, na guia *Draw*, dentro do painel *Layers*, clique no ícone do comando *Layer Off*. Você também pode ativá-lo pelo atalho "LAYOFF" e confirmar com a tecla *Enter*.

2. A linha de comando informará "LAYOFF: Select an object on the layer to be turned off or [Settings/Undo]:", solicitando, assim, a seleção das geometrias cuja visibilidade na área de trabalho do AutoCAD você deseja desabilitar.

3. Com auxílio do cursor do mouse, selecione a geometria de referência.

4. Após o clique, todas as geometrias desenhadas e configuradas com o *Layer* em questão terão a visibilidade desligada e não aparecerão em seu projeto.

5. Para finalizar o comando, pressione a tecla *Enter* ou a tecla *Esc*.

Para reverter de forma rápida e fácil a visibilidade de todas as geometrias com o *Layer* desligado, utilizaremos os recursos do comando *Turn All Layers On*, ou simplesmente *Layer On*. Para executar corretamente esse comando, siga os passos explicados a seguir:

1. No menu *Ribbon*, na guia *Draw*, dentro do painel *Layers*, clique no ícone do comando *Layer On*. Você também pode ativá-lo pelo atalho "LAYON" e confirmar com a tecla *Enter*.

2. Após ativar o comando, automaticamente todos os *Layers* desligados serão ativados e o comando será finalizado.

Anotações

Anotações

10

Blocos

OBJETIVOS

» Aprender a criar e a inserir blocos no projeto

» Conhecer as maneiras de editar blocos do projeto

» Transferir propriedades, blocos, padrões e configurações de texto e cotas entre arquivos (*Design Center*)

» Inserir blocos dinâmicos já configurados oriundos da biblioteca nativa de instalação do AutoCAD (*Tool Palettes*)

Com a finalidade de ganhar tempo, o AutoCAD permite que criemos e insiramos desenhos prontos em nosso projeto. Um exemplo é a inserção de peças-padrão de catálogos, como mesas, cadeiras, porcas e parafusos, ou até padrões de símbolos normatizados. Veja estes exemplos:

A esse recurso damos o nome de blocos, ou comando *Block*. Uma vez criado ou inserido um bloco em seu projeto, é possível copiá-lo com muita facilidade. Basta um único clique em seu contorno para que todas as geometrias desse bloco sejam selecionadas.

Criação de blocos no projeto

Caso tenha alguma geometria desenhada em sua área de trabalho, a qual deseje transformar em um bloco, utilize o comando *Create Block*.

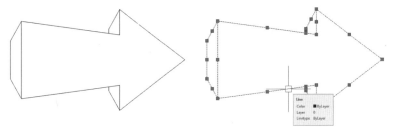

1. No menu *Ribbon*, na guia *Insert*, dentro do painel *Block Definition*, clique no ícone do comando *Create Block*. Você também pode ativá-lo pelo atalho "B" e confirmar com a tecla *Enter*.

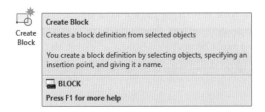

2. A janela *Block Definition* apresentará os campos explicados a seguir.

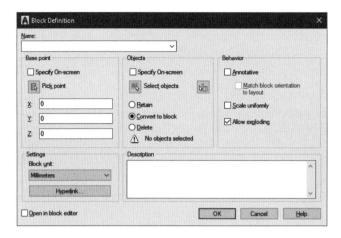

- **Name**: configura o nome do bloco. Essa função não permite a criação de blocos com o mesmo nome. Caso isso ocorra, o AutoCAD substituirá os elementos pela versão mais nova.

- **Base point**: define o ponto base para inserção do bloco após a criação. Clicando no botão *Pick Point*, você retornará para a área de trabalho do AutoCAD e, assim, poderá selecionar um ponto de precisão existente em seu desenho. Caso queira, ainda poderá utilizar as referências dos eixos X, Y e Z.
- **Objects**: permite a seleção das geometrias que serão transformadas em um bloco. Clicando no botão *Select objects*, você retornará para a área de trabalho do AutoCAD, assim, poderá selecionar as geometrias desejadas para a criação do bloco. Após a seleção, confirme com a tecla *Enter*.

Após a confirmação da seleção, um pequeno ícone com o desenho selecionado será demonstrado ao lado do campo *Name*.

Você ainda poderá escolher entre as seguintes opções:

- **Retain**: cria o bloco; porém, o desenho original será considerado uma geometria independente. Para utilizar o bloco, você deverá utilizar o comando *Insert Block*, pois, assim, ele será salvo na biblioteca de blocos do projeto.

- **Convert to block**: converte o desenho original para um bloco e salva na biblioteca de blocos do projeto.
- **Delete**: cria o bloco; porém, o desenho original será deletado. Para utilizar o bloco, você deverá utilizar o comando *Insert Block*, pois, assim, ele será salvo na biblioteca de blocos do projeto.
- **Behavior**: ajusta as configurações de proporção dos blocos. Dessa forma, poderá habilitar ou desabilitar as opções:
    - *Annotative*: define que o bloco é um elemento anotativo, que pode ser ajustado conforme os padrões do layout.
    - *Scale uniformly*: permite que seja realizado o ajuste em escala proporcional.
    - *Allow exploding*: possibilita a explosão do bloco após a sua criação.
- **Settings**: neste campo, podemos ajustar as unidades de criação do bloco e gerenciar o hiperlink com arquivos externos ao projeto.
- **Description**: campo que pode ser preenchido com informações relevantes sobre o bloco; por exemplo, a utilização correta das dimensões, as informações do fabricante ou até mesmo em que ponto do desenho esse bloco deverá ser inserido.

3. Execute as configurações conforme as especificações do seu bloco e clique no botão *OK*.
4. Após a conclusão do comando, o objeto será inserido na biblioteca de blocos do arquivo, e, caso esteja habilitada a opção *Retain*, o objeto base será transformado em um bloco.

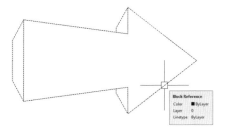

Inserção de blocos no projeto

Caso deseje inserir um bloco em seu projeto, você deve executar o comando *Insert Block*.

1. No menu *Ribbon*, na guia *Insert*, dentro do painel *Block*, clique no ícone do comando *Insert Block*.

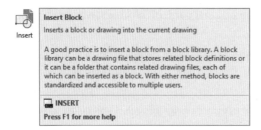

2. Ao selecionar o comando, será mostrado um painel que apresentará a biblioteca de blocos já criados e inseridos em seu arquivo.

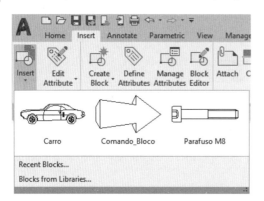

3. Clique no bloco que deseja utilizar e movimente o mouse para a área de trabalho do seu AutoCAD. No ponto de inserção, será demonstrado o bloco selecionado.

4. Para finalizar, clique no ponto de precisão em que deseja inserir o bloco.

Ainda no painel de biblioteca de blocos, temos duas opções que podem auxiliar em seu dia a dia de projetos e na inserção de novos blocos:

- **Recent Blocks:** permite inserir blocos utilizados recentemente no AutoCAD, independentemente do arquivo ou projeto em que você esteja trabalhando. Esta opção poderá ser habilitada utilizando o atalho de teclado. Basta digitar o atalho "I" e confirmar com a tecla *Enter*.

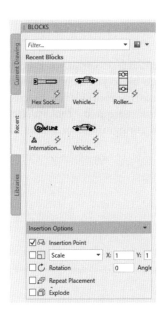

Na parte inferior da guia *Recent*, podemos ajustar a escala, o ângulo de rotação do bloco, a inserção de elementos sequenciados ou a explosão de um bloco após a inserção.

- **Blocks from Libraries**: permite inserir blocos salvos em outros diretórios ou em bibliotecas de arquivos *.dwg.

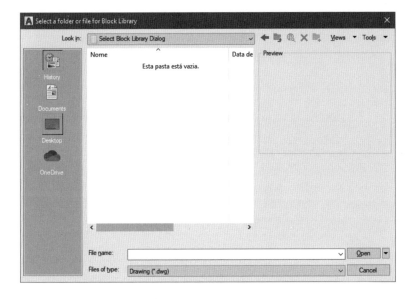

Exercício

Avance em seus estudos. Pelo link informado na página 11, acesse o arquivo "Edição de blocos", para aprender a editar, corrigir ou melhorar um bloco já existente em seu projeto, o arquivo "*Design Center – Ctrl + 2*", para transferir propriedades, blocos, padrões e configurações de texto e cotas entre arquivos, e o arquivo "*Tool Palettes – Ctrl + 3*", para fazer a inserção de blocos dinâmicos já configurados oriundos da biblioteca nativa de instalação do AutoCAD.

Anotações

Anotações

11

Comandos de edição avançados

OBJETIVOS

» Conhecer os comandos *Arc Aligned*, *Super Hatch*, *Break-line Symbol*, *Enclose in Object*, *Replace Block*, *Auto Number* e *MOCORO*

» Aprender a executar esses comandos

Com a evolução do AutoCAD, diversos recursos foram implementados, melhorados ou até mesmo modificados, com base nas solicitações dos usuários. Na guia *Express Tools*, encontramos diversos desses recursos.

Comando Arc Aligned

1. No menu *Ribbon*, na guia *Express Tools*, dentro do painel *Text*, ative o comando *Arc Aligned*. Você também pode ativá-lo pela linha de comando, digitando "arctext" e confirmando com a tecla *Enter*.

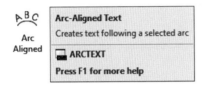

2. A linha de comando informará "ARCTEXT: Select an Arc or an ArcAlignedText:", solicitando, assim, a seleção de um arco para que seja criado um texto alinhado.

3. Após selecionar o arco, a janela *ArcAlignedText Workshop – Create* será apresentada, e você poderá digitar e configurar as informações que serão inseridas alinhadas ao arco.

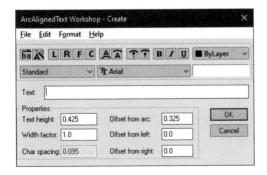

4. Digite no campo *Text* a frase que deseja alinhar com o arco.
5. Faça os ajustes de alinhamento, estilo de texto, fonte e proporções.
6. Para finalizar o comando, clique no botão *OK*.

Comando Super Hatch

1. No menu *Ribbon*, na guia *Express Tools*, dentro do painel *Draw*, ative o comando *Super Hatch*. Você também pode ativá-lo pela linha de comando, digitando "superhatch" e confirmando com a tecla *Enter*.

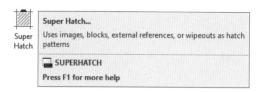

2. A janela *SuperHatch* será carregada, apresentando as opções explicadas a seguir:

- **Image**: abre a caixa de busca do Windows, permitindo localizar um arquivo de imagem que servirá de padrão para a hachura do comando *Super Hatch*.
- **Block**: seleciona um bloco existente no arquivo ou de um arquivo externo que servirá de padrão para a hachura do comando *Super Hatch*.
- **Xref Attach**: abre a caixa de busca do Windows, permitindo localizar um arquivo na extensão *.dwg que servirá de padrão para a hachura do comando *Super Hatch*.
- **Wipeout**: utiliza uma geometria secundária como base de cobertura para a criação da hachura.
- **Select existing**: seleciona um *Super Hatch* já existente em seu projeto, a fim de reutilizar os padrões de hachura.
- **Curve error tolerance**: permite ajustar a tolerância de erro para os limites do *Super Hatch* em geometrias curvas.

3. Selecione o padrão que deseja utilizar e clique na região fechada para a formação do *Super Hatch*.

4. Fique atento às configurações solicitadas na linha de comando, pois, para cada tipo de padrão, você deverá informar os estilos de escala, os pontos de precisão de inserção ou até mesmo o ângulo de rotação do padrão de hachura do *Super Hatch*.

Comando *Break-line Symbol*

1. No menu *Ribbon*, na guia *Express Tools*, dentro do painel *Draw*, ative o comando *Break-line Symbol*. Você também pode ativá-lo pela linha de comando, digitando "breakline" e confirmando com a tecla *Enter*.

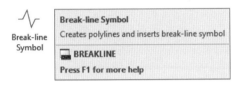

2. Na linha de comando, será apresentada a frase "Specify first point for breakline or [Block/Size/Extension]:", solicitando, assim, o primeiro ponto para a criação da linha com o símbolo de break. Ainda temos as seguintes opções:

- *Block*: permite alterar o padrão do bloco utilizado para o símbolo de quebra. O padrão de instalação do AutoCAD utiliza o bloco "brkline.dwg" para a criação dele.
- *Size*: permite ajustar a dimensão do símbolo de quebra.
- *Extension*: permite ajustar o comprimento das linhas de extensão.

3. Na linha de comando, clique no primeiro ponto de referência para a criação da linha com o símbolo de quebra.

4. Novamente na linha de comando, verifique que será solicitado "Specify second point for breakline:". Então, clique no segundo ponto de precisão para a criação da geometria.

5. Para finalizar, em "Specify location for break symbol <Midpoint>:", selecione o ponto de precisão na linha criada anteriormente, a fim de posicionar o símbolo de quebra.

- *Midpoint*: caso selecione a opção *Midpoint*, o símbolo de quebra será posicionado automaticamente no meio da linha de referência criada nas etapas anteriores.

Exercício

Conheça e aprenda a utilizar mais opções de comandos avançados de edição no material disponibilizado no link informado na página 11. Acesse o arquivo "Comando *Enclose in Object*", para aprender a envolver textos com círculos e retângulos, o arquivo "Comando *Replace Block*", para substituir inserções de um bloco por inserções de outro bloco, o arquivo "Comando *Auto Number*", para adicionar numeração automática a objetos de texto, e o arquivo "Comando *MOCORO*", para executar os comandos *Move*, *Copy* e *Rotate* em um único procedimento.

Anotações

Anotações

12

Comandos de inserção

OBJETIVOS

» Conhecer e aprender a utilizar os comandos *Attach*, *OLE Object*, *PDF Import* e *XRef*

» Trabalhar com arquivos externos (editar; remover, localizar e substituir; excluir)

» Aprender a inserir uma imagem no desenho

Imagem externa para AutoCAD

Durante o processo de criação de legenda, padrões de folhas e diversos recursos de imagem e dados, às vezes precisamos inserir uma imagem em nosso desenho.

Esse trabalho pode ser feito por meio do comando *Attach*, que permite inserir diversos tipos de arquivos na área de trabalho do projeto.

Comando Attach *– imagens*

1. No menu *Ribbon*, na guia *Insert*, dentro do painel *Reference*, ative o comando *Attach*. Você também pode ativá-lo pela linha de comando, digitando a palavra "attach" e confirmando com a tecla *Enter*.

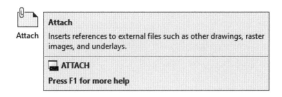

2. A janela *Select Reference File* será carregada, solicitando a localização do arquivo de imagem que você deseja inserir em seu arquivo.

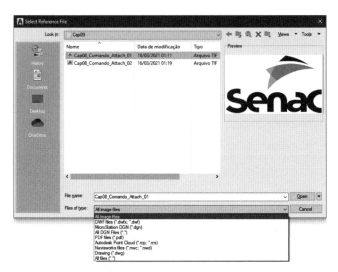

Comandos de inserção – 213

3. Você ainda pode inserir arquivos nas seguintes extensões:
- All Image files.
- DWF files, *.dwfx e *.dwf.
- MicroStation DGN *.dwg.
- All DGN Files.
- PDF Files, *.pdf.
- Autodesk Point Cloud, *.rcp e *.rcs.
- Navisworks files, *.nwc e *.nwc.
- Drawings, *.dwg.

4. Selecione o arquivo que deseja inserir e clique no botão *Open*.

5. A janela *Attach Image* será carregada, permitindo que você ajuste o ponto de inserção, a proporção da escala e até mesmo o ângulo de rotação.

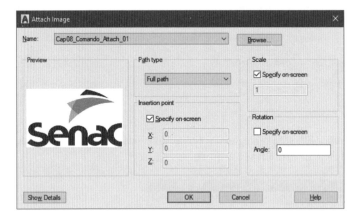

6. Execute a configuração dos parâmetros conforme a necessidade de seu projeto e confirme no botão *OK*.

7. A linha de comando informará "ATTACH: Specify insertion point <0,0>:", solicitando um ponto de precisão para inserção da imagem.

8. Clique em um ponto de precisão na área de trabalho do seu AutoCAD.

9. Novamente na linha de comando, verifique que o AutoCAD deve indicar "ATTACH: Specify scale factor or [Unit] <1>", solicitando, assim, o fator de escala para aumentar ou diminuir a imagem inserida.

10. Não havendo necessidade de ajuste na escala, confirme com a tecla *Enter*.

11. A imagem será inserida na área de trabalho do seu AutoCAD.

Comando OLE Object

O comando *OLE Object* permite inserir em seu projeto *.dwg arquivos externos, como imagens, apresentações, documentos ou até mesmo planilhas do Excel. Outra função do comando *OLE Object* é a possibilidade de criar um arquivo, seja um documento no Word ou uma apresentação de PowerPoint, diretamente em sua área de trabalho do AutoCAD.

Entre os tipos de arquivos compatíveis com o AutoCAD, temos:

- Adobe Acrobat Document.
- Adobe Photoshop Image.
- AutoCAD Drawing.
- Documento do WordPad.
- Imagem do Paintbrush.
- Microsoft Excel 97-2003 Worksheet, Presentation ou Slide.
- Microsoft Excel Binary Worksheet.
- Microsoft Excel Chart.
- Microsoft PowerPoint Macro_Enabled Presentation ou Slide.
- Microsoft PowerPoint Presentation ou Slide.
- Microsoft Word 97-2003 Document.
- Microsoft Word Document.
- Microsoft Word Macro-Enable Document.

- OpenDocument Presentation, Spreadsheet ou Text.
- Organization Chart Add-in for Microsoft Office.

Esse processo auxilia no acesso às informações externas que podem ser criadas em outros softwares e incluídas no AutoCAD.

Comando OLE Object – Criar novo

1. No menu *Ribbon*, acesse a guia *Insert* e, dentro do painel *Data*, clique no comando *OLE Object*. Você também pode ativá-lo pela linha de comando, digitando "insertobj", ou pelo atalho "IO", pressionando a tecla *Enter*.

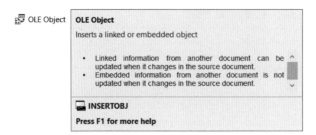

2. A janela *Inserir objeto* será carregada e apresentará estas opções:

- **Criar novo**: permite criar um novo arquivo de documento, imagem, tabela, etc., diretamente na área de trabalho do AutoCAD.
- **Criar do arquivo**: permite inserir um arquivo na área de trabalho do AutoCAD.

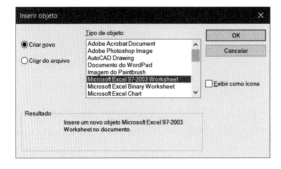

3. Na janela *Inserir objeto*, selecione a opção *Criar novo*. Entre as opções apresentadas no campo *Tipo de objeto*, selecione o tipo de arquivo desejado.

4. A janela *Inserir objeto* ainda permite inserir o documento na íntegra, ou somente seu ícone. Para isso, no campo *Exibir como ícone*, ative a caixa de seleção existente na opção e, na janela *Alterar Ícone*, selecione o padrão de representação e o *Rótulo* que será demonstrado.

5. Caso selecione esta opção, o arquivo poderá ser carregado com um duplo clique em cima do ícone.

6. Para finalizar a configuração, clique no botão *OK*.

7. O programa responsável pela criação do tipo de objeto selecionado será carregado, permitindo, assim, inserção de informações e edição dos dados.

8. Após a edição do documento, finalize-o.

9. O AutoCAD carregará as informações em seu desenho, criando, assim, um campo das informações inseridas. Caso seja necessário, redimensione a proporção do objeto inserido clicando nos pontos de controle existentes nas extremidades desse objeto e arrastando-o para uma nova posição.

Esse procedimento poderá ser adotado para diversos formatos de arquivos, como imagens, documentos de textos, documentos de apresentação, entre outros.

Comando OLE Object – Criar do arquivo

1. No menu *Ribbon*, acesse a guia *Insert* e, dentro do painel *Data*, clique no comando *OLE Object*. Você também pode ativá-lo pela linha de comando, digitando "insertobj", ou pelo atalho "IO", pressionando a tecla *Enter*.

2. Na janela *Inserir objeto*, selecione a opção *Criar do arquivo*.

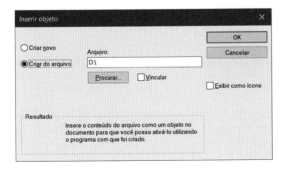

3. O campo *Arquivo* será apresentado, solicitando o diretório em que o documento está salvo, o que pode ser o caminho para a pasta de projeto.

4. Clique no botão *Procurar* e, com o auxílio da janela de busca do Windows, selecione o arquivo que deseja inserir.

5. Após a seleção do arquivo, no campo *Arquivo*, será demonstrado o diretório do arquivo inserido no projeto AutoCAD.

6. Caso habilite a opção *Vincular*, todas as alterações feitas no arquivo de origem serão corrigidas e alteradas em seu projeto no AutoCAD automaticamente.

Comando OLE Object – *criar tabela de Excel*

1. No menu *Ribbon*, acesse a guia *Insert* e, dentro do painel *Data*, clique no comando *OLE Object*. Você também pode ativá-lo pela linha de comando, digitando "insertobj", ou pelo atalho "IO", pressionando a tecla *Enter*.

2. Na janela *Inserir objeto*, selecione a opção *Criar novo*.

3. Entre as opções apresentadas no campo *Tipo de objeto*, selecione o tipo de arquivo *Microsoft Excel 97-2003 Worksheet*.

4. Para finalizar a configuração e criar a nova tabela, clique no botão *OK*.

5. Uma planilha no formato *.xls será carregada na área de trabalho do AutoCAD. Assim, podemos criar, editar ou até mesmo copiar informações já existentes em outra planilha do Excel e colar no AutoCAD.

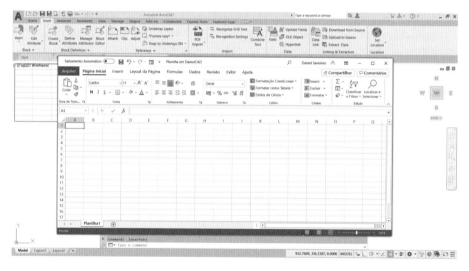

6. Após a edição da planilha do Excel, finalize o processo no botão *Close*, na parte superior direita do software.

7. No AutoCAD, será carregada a imagem da planilha com as informações, se for necessário.

Projeto	Tempo	Custo
1		
2		
3		
4		
5		
6		

8. Caso seja necessário, redimensione a proporção do objeto inserido, clicando nos pontos de controle existentes nas extremidades dele e arrastando-o para uma nova posição.

Exercício

No material disponibilizado no link informado na página 11, você pode conhecer outro comando de inserção: consulte o arquivo "Comando *PDF Import*", para aprender a converter arquivos em formato *.pdf para arquivos em *.dwg.

Comando *XRef* – vínculo entre arquivos AutoCAD

O comando *XRef*, também conhecido como referência externa, possibilita a inserção de um arquivo no formato *.dwg para dentro de outro arquivo também no formato *.dwg.

O principal objetivo de utilização das referências externas (XRef) é que atualizações em partes do projeto que estejam servindo de base para outras não fiquem defasadas.

1. No menu *Ribbon*, clique na guia *Insert* e, depois, na seta inclinada localizada na extremidade direita da faixa do painel *Reference*. Você também pode habilitar o comando digitando na linha de comando "externalreferences", ou seu atalho "XREF", e confirmando com a tecla *Enter*.

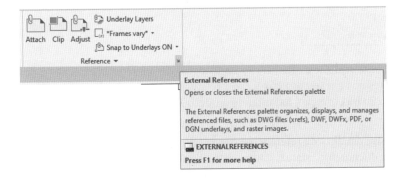

2. Ao habilitar o comando, a janela *External References* será habilitada, permitindo inserção, alteração e exclusão de referências externas já existentes em seu desenho.

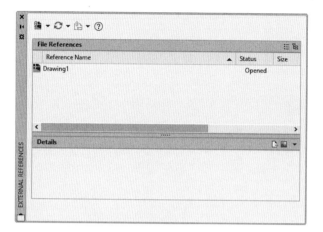

Na janela *External References*, temos acesso a todos os recursos necessários para trabalhar com as referências externas (XRef):

- *File References*: campo de informação que demonstra os arquivos já inseridos em seu projeto, indicando o status e a dimensão deles.

- *Attach*: permite escolher a extensão e localizar o diretório do arquivo a ser inserido em seu projeto. Clicando na seta ao lado de seu ícone, uma cascata de opções será demonstrada, indicando todas as extensões possíveis de serem inseridas. Clicando somente em seu ícone, a janela de busca do Windows será carregada com o último padrão de extensão utilizado no projeto.

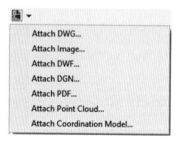

- *Refresh*: permite realizar a atualização na listagem de referências externas e nos desenhos inseridos em seu projeto. Caso a referência inserida tenha sofrido alguma modificação ou correção, habilitando a opção *Refresh*, todos os detalhes serão atualizados.

- *Details*: mostra detalhes da referência externa (XRef), como caminho do arquivo, tamanho do documento, status, entre outros recursos. Vale lembrar que alguns detalhes também aparecem no campo *File References*.

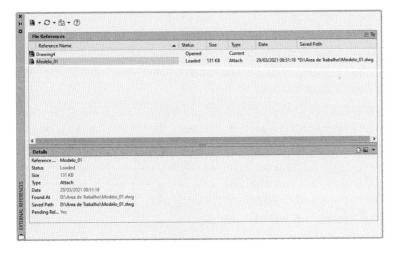

3. Para inserir uma referência externa, clique na seta ao lado do item *Attach* e selecione o tipo de arquivo desejado.

4. A janela *Attach External Reference* será carregada, permitindo ajustar os padrões de escala, o ângulo de rotação, o ponto de inserção, entre outros recursos.

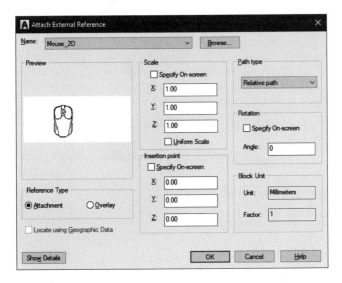

- **Preview**: nesse campo, você terá uma pré-visualização básica do arquivo que será carregado.

- **Scale**: permite alterar a proporção de escala do desenho inserido em seu arquivo. Ele pode ser uniforme em todos os eixos ou ser ajustado somente em um eixo específico (X, Y ou Z). Caso seja necessário, a opção *Specify On-screen* permite realizar o ajuste no momento da inserção, com base em pontos de precisão existentes em seu desenho.

- **Path type**: permite definir como o arquivo fará a busca pelo arquivo de referência externa (XRef):
    - *Full Path*: esta opção define o caminho completo do arquivo de referências externas (XRef), considerando pastas e drivers. Exemplo de *Full Path*: C:/ Projetos/Pontes/Plantas/planta.dwg.
    - *Relative Path*: esta opção permite utilizar o caminho parcialmente, trocando a forma de representação completa do diretório por letras. É uma das opções mais flexíveis, pois permite a relocação dos diretórios durante a execução do projeto.
    - *No Path*: esta opção não determina nenhuma base para buscas do arquivo de referência externa (XRef); porém, os desenhos inseridos devem estar salvos no mesmo diretório do arquivo original.
- **Reference Type**: você poderá optar entre as opções de anexo ou sobreposição. Caso o XRef escolhido tenha outros arquivos como referência, é possível escolher entre visualizar o XRef e suas referências embutidas ou apenas o XRef:
    - *Attachment*: opção de anexo.
    - *Overlay*: opção de sobreposição.

    Nesse caso, a configuração padrão é *Attachment*.
- **Insertion point**: é o ponto base do desenho. É importante lembrar que, normalmente, os desenhos vêm com seu ponto base ancorado ao ponto de origem 0,0. Caso esteja trabalhando com arquivos em coordenadas absolutas, ou arquivos que dependam de uma orientação, especifique o ponto zero como base para todas as referências, para que não haja deslocamento.
- **Rotation**: permite que você escolha um ângulo de rotação para o arquivo a ser inserido pelo comando *XRef*.
- **Block Unit**: permite que você escolha o fator de unidade.

5. Após selecionadas as opções desejadas, clique em OK.
6. Na área de trabalho do AutoCAD, será demonstrado o desenho ou arquivo a ser inserido.
7. Caso as opções de *Scale Specify On-Screen* e *Insertion point Specify On-Screen* estejam habilitadas, posicione a referência de inserção na área de trabalho do AutoCAD e realize os ajustes de escala e rotação do arquivo a ser inserido. Na linha de comando, você encontrará as opções "XATTACH: Specify insertion point or [Scale/X/Y/Z/Rotate/PScale/PX/PY/PZ/PRotate]:".
8. Caso as opções de *Scale Specify On-Screen* e *Insertion point Specify On-Screen* estejam desabilitadas, o arquivo será inserido automaticamente com base no ponto 0,0 e com a escala do desenho original.

Comando *XRef* – edição de arquivos externos

Durante o processo de criação de seu desenho, você poderá ajustar e corrigir as referências externas inseridas em seu arquivo. Para isso, basta clicar no desenho ou imagem do arquivo externo e, então, no menu *Ribbon*, selecionar entre as opções a seguir.

- *Edit Reference In-Place*: permite ajustar as configurações do arquivo externo inserido em seu projeto, como a criação, em um único bloco, de layers e do sistema de travamento para edições. Você poderá ativar essa opção pelo atalho de teclado. Para isso, digite "REFEDIT" e confirme com a tecla *Enter*.

- *Open Reference*: permite abrir o arquivo original que foi inserido em seu proejto. Você poderá ativar essa opção pelo atalho de teclado. Para isso, digite "XOPEN" e confirme com a tecla *Enter*.

- *Create Clipping Boundary*: permite a criação de uma região que delimita a demonstração do arquivo externo inserido em seu projeto. Com esse recurso, você poderá excluir algum campo, alguma região ou algum dado inserido nos arquivos externos. A delimitação poderá ser feita para o lado externo ou interno da geometria desenhada como limite. Note que, no contorno criado, haverá uma seta que, uma vez ativada, inverterá o sentido de delimitação. Você poderá ativar esta opção pelo atalho de teclado. Para isso, digite "XCLIP" e confirme com a tecla *Enter*.

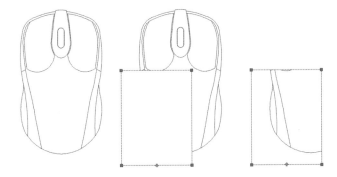

- *Remove Clipping*: remove a região de delimitação criada pelo comando *Create Clipping Boundary*. Você poderá ativar essa opção pelo atalho de teclado. Para isso, digite "XCLIP" e confirme com a tecla *Enter*.

- *External References*: permite habilitar a janela *External References* e executar a inserção, a correção ou até mesmo a remoção de vínculos entre arquivos externos inseridos em seu projeto. Você poderá ativar esta opção pelo atalho de teclado. Para isso, digite "XRef" e confirme com a tecla *Enter*.

Comando *XRef* – remoção, localização e substituição de caminho dos arquivos externos

Ao habilitar o comando *XRef* na janela *External References*, será possível executar edições no diretório, procurar um novo caminho ou até mesmo deletar algum arquivo externo inserido em seu projeto.

No campo superior da janela *External References*, clique na seta ao lado do ícone *Change Path*. Teremos as seguintes opções:

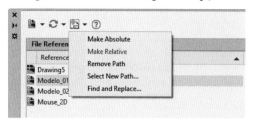

- **Remove Path**: permite remover a referência do caminho, ou seja, o diretório no qual está salvo o arquivo original inserido em seu projeto no AutoCAD. Essa remoção não permitirá futuras edições ou atualizações em seu projeto.

- **Select New Path**: permite localizar um novo caminho para o arquivo original inserido em seu projeto. Dessa forma, são corrigidos erros de não localização ou atualizações em seus arquivos.

- **Find and Replace**: permite localizar a pasta de referência dos arquivos externos inseridos em projeto e executar a troca por outra pasta. Isso poderá ser feito para somente um item ou para todos.

Comando *XRef* – exclusão de arquivos externos

Caso haja necessidade de remover por completo um arquivo externo existente em seu projeto, no campo *File References*, execute os passos a seguir:

1. No menu *Ribbon*, clique na guia *Insert* e, depois, na seta inclinada localizada na extremidade direita da faixa do painel *Reference*. Você também pode habilitar o comando digitando na linha de comando "externalreferences", ou seu atalho "XREF", e confirmando com a tecla *Enter*.

2. Na janela *External References* e no campo *File References*, clique com o botão direito do mouse no ícone do arquivo que deseja remover.

3. Selecione a opção *Detach*.

4. Automaticamente, o arquivo deletará essa referência do seu projeto.

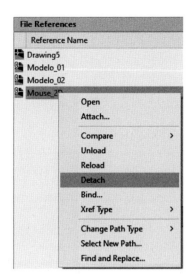

Comandos de inserção – 225

Anotações

13
Comandos de tabelas

OBJETIVOS

» Aprender a criar tabelas pelo comando *Table*
» Fazer a criação de tabelas no AutoCAD a partir do Excel

O comando *Table* permite a criação de tabelas a partir do AutoCAD. Dessa forma, podemos especificar o número de linhas e colunas, esticar e redimensionar as linhas ou toda a tabela. Assim, é possível criar facilmente uma tabela, sem a necessidade de softwares externos, como o Excel.

Comando *Table* – criação de tabelas

1. No menu *Ribbon*, acesse a guia *Annotate* e, dentro do painel *Table*, clique no comando *Table*. Você também pode ativar o comando pela linha de comando, digitando a palavra "table", ou o atalho "TB", e confirmando com a tecla *Enter*.

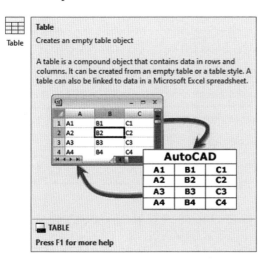

2. A janela *Insert Table* será carregada, apresentando os grupos de edição.

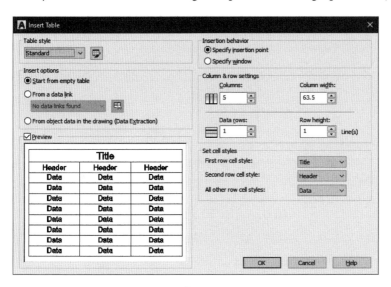

Comandos de tabelas – 229

3. No campo *Table style*, podemos escolher uma pré-configuração existente em nosso projeto.

4. No campo *Insertion behavior*, encontramos estas opções:

- **Specify insertion point**: permite selecionar um ponto de precisão na área de trabalho do AutoCAD. As colunas e linhas terão as proporções com base nas alturas e larguras configuradas na janela *Insert Table*.

- **Specify window**: permite inserir a tabela com base em um ponto de precisão; porém, as dimensões das linhas e colunas serão ajustadas com base em um segundo ponto de precisão existente na área de trabalho do AutoCAD.

5. Dentro do campo *Column & row settings*, podemos configurar a dimensão da tabela e a quantidade de linhas e colunas. Estas são as opções apresentadas:

- **Columns**: configura a quantidade de colunas inseridas na tabela.
- **Column width**: configura a dimensão de comprimento das colunas na tabela.
- **Data rows**: configura a quantidade de linhas inseridas na tabela.
- **Row height**: configura a dimensão de altura das linhas na tabela.

6. Com a finalidade de criar uma tabela que sirva de modelo, vamos inserir, no campo *Columns*, o valor 4 e, no campo *Data rows*, o valor 3, criando, assim, uma tabela com 4 colunas e 3 linhas.

7. Dentro do campo *Set cell styles*, é possível escolher quais informações serão inseridas nas linhas. Você poderá alterar para as opções de *Title*, que é o título, *Header*, que são os subtítulos, e *Data*, que são informações e dados inseridos na tabela.

- **First row cell style**: primeira linha da tabela, normalmente utilizada como título principal.

- **Second row cell style**: segunda linha da tabela, normalmente utilizada para a criação dos subtítulos (cabeçalho).

- **All other rows cell styles:** demais linhas da tabela, nas quais serão inseridos os dados e as informações correspondentes à organização das colunas.

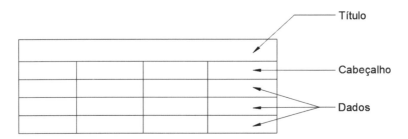

8. Após ajustar as dimensões de linhas e padrões, clique no botão *OK*.

9. Na área de trabalho do AutoCAD, será solicitado um ponto de precisão para a inserção da tabela. Clique em um ponto de precisão conforme a necessidade de seu projeto para a tabela ser inserida.

10. Automaticamente, a tabela será inserida em seu desenho, e poderá ser editada e preenchida com as informações necessárias.

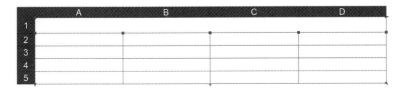

11. Clique fora da tabela e, em seguida, selecione uma extremidade para exibir as alças de edição dimensional.

12. Para alterar o tamanho e a forma da tabela, clique nas alças triangulares, em azul, e movimente o mouse até encontrar uma nova proporção para a tabela. Você também pode clicar nas alças quadradas para ajustar a largura das colunas, e, caso mantenha a seleção nesses itens, poderá arrastar o mouse, ajustando, assim, suas proporções.

13. Para adicionar informações a uma tabela, clique em cada célula e digite as informações conforme a necessidade de seu projeto.

Modelo Comando Tabela			
Item	QTD.	Descrição	Data
1			
2			
3			

14. Após a conclusão da inserção e o preenchimento dos dados da tabela, caso selecione uma célula, no menu *Ribbon*, o AutoCAD demonstrará os comandos de edição. Dessa forma, será possível excluir ou inserir novas linhas e colunas ou até preencher os campos com fórmulas matemáticas básicas.

Comando *Table* – criação de tabelas no AutoCAD a partir do Excel

O comando *Table* permite importar tabelas criadas no Excel. Dessa forma, quando elas forem editadas no Excel, ocorre uma atualização no AutoCAD, e vice-versa.

Vale lembrar que esse método é somente uma das formas de inserir tabelas do Excel em seu projeto no AutoCAD, conforme aprendemos com o comando *OLE Object*. Neste caso, fica a seu critério qual técnica utilizar, visando sempre à facilidade e à agilidade em seu dia a dia de projeto.

1. No menu *Ribbon*, acesse a guia *Annotate* e, dentro do painel *Table*, clique no comando *Table*. Você também pode ativar o comando pela linha de comando, digitando a palavra "table", ou o atalho "TB", e confirmando com a tecla *Enter*.
2. A janela *Insert Table* será carregada.

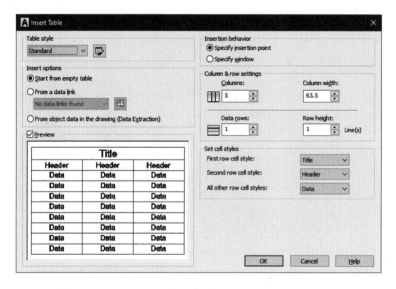

3. Escolha a opção *From a data link* e clique no ícone que parece um conjunto de quatro células com uma corrente, localizado à direita dessa opção.

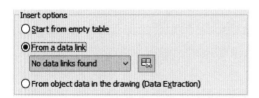

4. Na janela *Select a Data Link*, selecione a frase *Create a new Excel Data Link*.

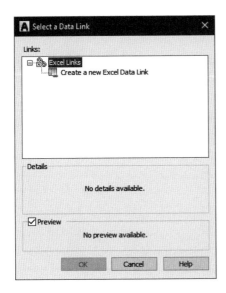

5. Na janela *Enter Data Link Name*, preencha o nome para a tabela que será inserida e clique no botão *OK*.

6. Na janela *New Excel Data Link*, clique no ícone que se encontra à direita da opção *Browse for a file* e, na janela de busca do Windows, selecione o arquivo originário do Excel.

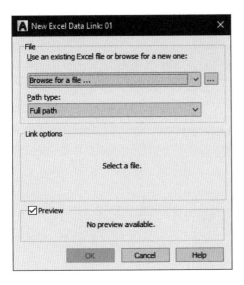

7. Com o vínculo criado entre o arquivo do Excel e seu desenho, selecione o intervalo de células que deseja importar para o AutoCAD.

8. Para isso, você deve marcar a opção *Link to range* e especificar o intervalo de células que vai importar. Neste exemplo, o intervalo vai da célula A1 até a célula D5. Então, você deve digitar "A1:D5".

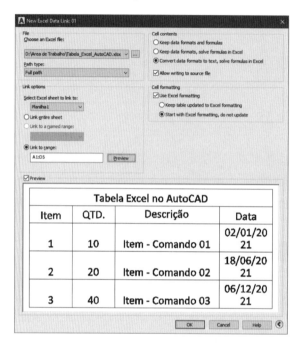

9. Clique no botão *OK*, na janela de configurações que o comando abriu.

10. Na área de trabalho, o AutoCAD solicitará um ponto de precisão para a inserção da tabela. Clique em um ponto de precisão, conforme a necessidade de seu projeto, para a tabela ser inserida.

234 – AutoCAD: projetos em 2D e recursos adicionais

Anotações

Anotações

14
Desenho isométrico

OBJETIVOS

» Conceitos de planos isométricos (*Top*, *Left* e *Right*)

» Aprender a habilitar a opção de desenhos isométricos

» Configurar planos de desenhos isométricos

» Desenhar linhas isométricas

» Criar elipses isométricas

O desenho isométrico é muito utilizado em representações de instalações prediais, tubulação industrial, representação de componentes mecânicos, além de outras situações. Vale lembrar que essa técnica utiliza somente os planos de trabalho 2D, gerando, assim, desenhos com a impressão de volumetria e profundidade 3D.

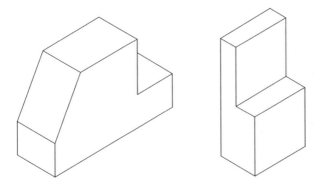

Conceitos de planos isométricos (Top, Left e Right)

As perspectivas isométricas ajudam a ter uma ideia tridimensional do projeto. Para a elaboração de desenhos desse tipo no AutoCAD, é necessário ter conhecimento sobre os planos isométricos.

A figura a seguir mostra a posição desses planos em um desenho. *Top* se refere ao plano superior, *Left* se refere à lateral esquerda, e *Right*, à lateral direita.

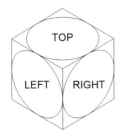

Top: plano superior
Left: plano lateral esquerdo
Right: plano lateral direito

Habilitando a opção de desenhos isométricos

No AutoCAD, podemos desenhar de duas formas diferentes. A primeira é aquela em que as linhas sempre estarão referenciadas, a forma retangular, e a segunda é a forma isométrica.

Para ajustar corretamente a forma de trabalho para as referências isométricas, execute os passos explicados a seguir.

Desenho isométrico – 239

Primeiro método

1. Na barra de status (parte inferior do AutoCAD), selecione o botão *Isometric Drafting - Off*.

2. Ao ativar o ícone do comando, ele ficará azul, indicando que o método de desenho isométrico está ativado. Note, também, que o cursor do mouse ficará com a representação isométrica, permitindo, assim, iniciar os seus desenhos referenciados aos planos isométricos: *Top, Left* e *Right*.

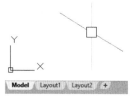

Segundo método

1. Na linha de comando, digite o atalho do comando, "DDRMODES", e confirme com o *Enter*.
2. A janela *Drafting Settings* será aberta.
3. No campo de configuração *Snap type*, selecione a opção *Isometric snap*.
4. Para finalizar, clique no botão *OK*.
5. Na área de trabalho do AutoCAD, o cursor do mouse ficará com a representação isométrica, permitindo, assim, iniciar os desenhos referenciados aos planos isométricos: *Top, Left* e *Right*.

Configurando planos de desenhos isométricos

Ao ativar o modo *Ortho Mode*, serão desenhadas com muita facilidade todas as retas que, no espaço 3D imaginário, forem simultaneamente perpendiculares entre si e paralelas às direções das vistas isométricas.

Assim, todo desenho é realizado recorrendo às três vistas isométricas principais:

- *isoplane Top* (plano superior);
- *isoplane Left* (esquerda);
- *isoplane Right* (direita).

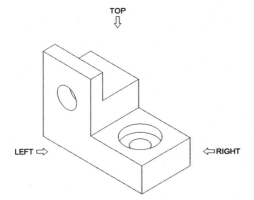

Durante o processo de desenho isométrico, você deverá alterar os planos de referência, para que o resultado seja o mais adequado. Uma forma fácil e prática de executar esse ajuste é pressionando a tecla *F5*.

Com o modo isométrico ativado, pressione a tecla *F5*, alternando entre as configurações. Ao repetir o processo, o ajuste será feito na ordem *Top*, *Right* e *Left*.

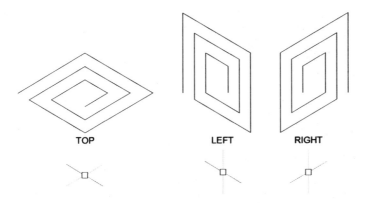

Outra forma rápida de ajustar os planos é pela barra de status.

Desenho isométrico – 241

1. Na barra de status (parte inferior do AutoCAD), selecione a seta ao lado do botão *Isometric Drafting*.

2. Selecione o sistema de plano mais adequado para a execução do seu desenho isométrico.

Desenhando linhas isométricas

1. Com a configuração de *Isometric snap* ativada, habilite o comando *Line*. Você pode ativá-lo pela linha de comando, digitando a palavra "line", ou simplesmente seu atalho "L", e confirmando com a tecla *Enter*.

2. Clique em um ponto de precisão da área de trabalho do AutoCAD e direcione o mouse.

3. Verifique a posição e a referência do plano isométrico. Caso haja necessidade, com auxílio da tecla *F5*, altere o plano de trabalho.

4. Direcione o mouse para uma nova posição na área de trabalho do AutoCAD. Na linha de comando, informe a dimensão da geometria.

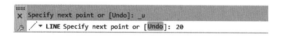

5. Repita esses procedimentos de direcionamento e informe a dimensão até que seu projeto esteja completo.

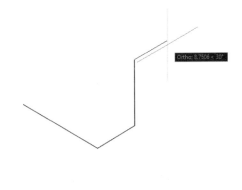

 Antes de confirmar a dimensão, sempre verifique para qual direção e qual plano isométrico o AutoCAD está configurado.

CRIAÇÃO DE ELIPSES ISOMÉTRICAS

Para a inserção de círculos em desenhos isométricos, utilizamos o recurso do comando *Ellipse*, pois, caso seja utilizado o comando de círculo, a geometria será criada com base nos planos X, Y, e Z. Dessa forma, não haverá o efeito de profundidade, e ela não estará na posição correta com os planos *Top*, *Left* e *Right*.

Para a utilização correta do comando *Ellipse Isometric*, execute os passos explicados a seguir:

1. Com a configuração de *Isometric snap* ativada, habilite o comando *Ellipse*. Você pode ativá-lo pela linha de comando, digitando a palavra "ellipse", ou simplesmente seu atalho "EL", e confirmando com a tecla *Enter*.

2. A linha de comando informará "ELLIPSE: Specify axis endpoint of ellipse or [Arc/Center/Isocircle]:".

3. Na linha de comando, selecione a opção *Isocircle*, ou digite seu atalho "I" na linha de comando, e confirme com a tecla *Enter*.

4. Novamente na linha de comando, o AutoCAD informará "ELLIPSE: Specify center of isocircle:". Clique em um ponto de precisão da área de trabalho do AutoCAD e direcione o mouse.

5. Verifique a posição e referência do plano isométrico. Caso haja necessidade, com auxílio da tecla *F5*, altere o plano de trabalho.

Desenho isométrico – 243

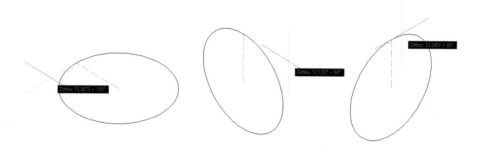

6. Na linha de comando, será informado "ELLIPSE: Specify radius of isocircle or [Diameter]:", solicitando a dimensão do raio da elipse isométrica.

 Caso deseje informar a dimensão de diâmetro, em vez do raio, na linha de comando selecione a opção *Diameter*, ou digite na linha de comando o atalho "D" e confirme com a tecla *Enter*. A frase "ELLIPSE: Specify diameter of isocircle:" será demonstrada, solicitando, assim, a dimensão do diâmetro.

7. Digite a dimensão necessária para sua elipse isométrica e confirme com a tecla *Enter*.

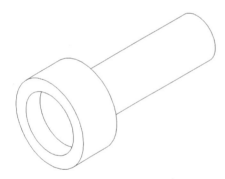

As elipses isométricas apresentarão pontos de precisão, sendo os quadrantes e o ponto central. Vale lembrar que os pontos de quadrante não estarão alinhados com os eixos X, Y e Z, mas sim com o *Isometric Plane*.

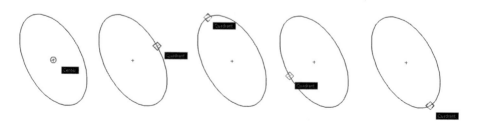

Anotações

Anotações

15
Impressão do desenho

OBJETIVOS

» Aprender a configurar folha e layout de impressão

» Configurar visualização do *Viewport*

» Criar janelas de *Viewport*

» Ajustar escala de *Viewport*

» Imprimir desenhos nos campos de trabalho *Layout* e *Model*

» Exportar desenhos para arquivo *.pdf e para arquivo *.dwf

Com o processo de impressão, podemos tirar as ideias, os detalhes, os projetos e todas as informações do plano digital e levá-los para o formato físico, impresso em uma folha.

Dessa forma, podemos levar adiante a produção de um modelo e entregar a cópia do desenho para que equipes responsáveis, como prefeituras e órgãos regulamentadores, repassem e revisem todos os itens com todos os envolvidos no projeto.

Enfim, a impressão é uma ferramenta que auxilia muito no trabalho do desenhista, e é de suma importância sabermos como configurar e ajustar as dimensões das folhas, as escalas de impressão e até mesmo o padrão de qualidade dessa impressão.

Configuração da folha e layout de impressão

O AutoCAD usa um sistema de layouts para criar e manipular múltiplas folhas, além de configurar as impressoras e plotters, que permitem impressões em alta qualidade e em folhas com grandes dimensões.

Ao abrir um novo arquivo padrão, na parte inferior esquerda do AutoCAD, podemos localizar estes itens:

- *Model*;
- *Layout1*;
- *Layout2*;
- *New Layout*.

 Vale lembrar que os padrões de layout poderão ser alterados conforme a necessidade de seu projeto, sendo assim, os exemplos passados neste capítulo estarão de acordo com o template de instalação *acadiso.dwt*.

Clicando na guia inferior *Layout1*, o AutoCAD mostrará o campo de impressão, conforme a configuração de folhas, limites de impressão e escalas do *Viewport*.

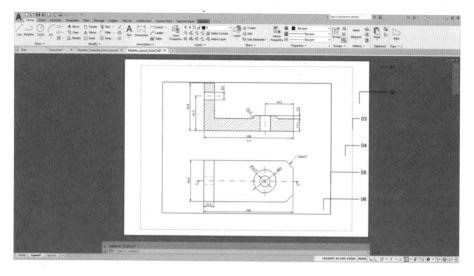

- **01:** área externa à impressão.
- **02:** campo de impressão com a dimensão da folha conforme normas.
- **03:** limite de impressão.
- **04:** área real de impressão.
- **05:** borda da janela *Viewport*.
- **06:** região interna do *Viewport*.

Note que o menu *Ribbon* apresentará uma nova guia *Layout*, que poderá ser utilizada para configuração e ajuste das vistas a serem impressas. Essa guia não será ativada automaticamente, sendo necessário clicar nela para ativar suas funções.

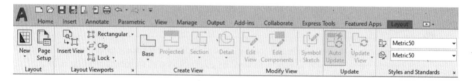

Dentro da área de impressão, você ainda poderá utilizar os comandos de criação aprendidos nos capítulos anteriores, como linhas, círculos e comandos de edição, com a finalidade de gerar a padronização de legenda conforme a sua necessidade.

 Uma dica importante é que o ponto 0,0 será o canto inferior esquerdo da área real de impressão. Assim, você poderá criar o contorno da folha conforme as normas-padrão (folhas da série A), criar e editar as distâncias de bordas e ajustar todos os detalhes necessários.

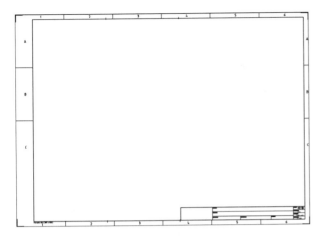

Configuração de visualização do Viewport

O retângulo que é demonstrado na parte central de impressão permite criar um vínculo entre o campo de trabalho *Model* e o campo de *Layout*. A esse campo damos o nome de *Viewport*, e nele vamos ajustar a escala de impressão do nosso desenho.

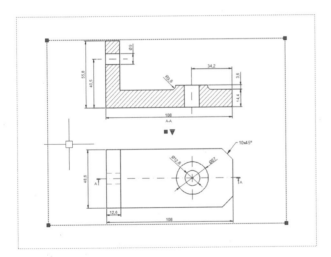

Com o auxílio do cursor do mouse, dê um duplo clique na região interna do *Viewport*. Note que ela estará representada em destaque, com a linhas de contorno mais grossas.

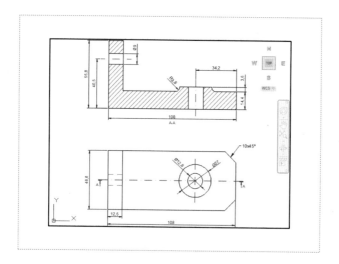

Dessa forma, com o *Viewport* habilitado, você poderá editar o desenho facilmente, sem a necessidade de habilitar a guia *Model* na parte inferior.

Esse recurso também permite realizar os ajustes de *Zoom* (aumentando e diminuindo a proporção visual) e *Pan* (movimentando a posição de visualização do projeto) no *Viewport*.

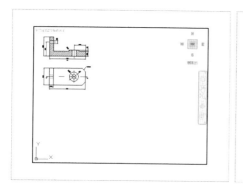
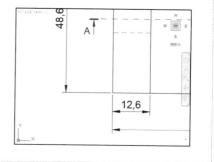

Para desativar a edição do campo *Model* pela janela de *Viewport*, movimente o mouse para a região externa à impressão (campo no tom de cinza após os limites da folha) e dê um duplo clique com o botão esquerdo do mouse.

Para modificar a dimensão dos limites do *Viewport*, basta clicar em seu contorno e selecionar um dos pontos de controle existentes na extremidade da geometria. Movimente o cursor do mouse para a nova posição, redimensionando, assim, a janela existente.

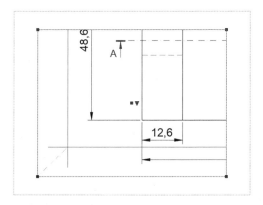

Criação de novas janelas de Viewport

Conforme surgir a necessidade de criação de novas janelas de visualização para o campo *Model*, as *Viewports* existentes nos templates não serão suficientes para a correta representação de impressão de seu projeto.

Dessa forma, o AutoCAD permite criar novas janelas de *Viewport* utilizando três métodos diferentes:

- **Rectangular Viewports**: cria uma janela de *Viewport* com o formato retangular, utilizando como base somente dois pontos de precisão.

- **Polygonal Viewports**: cria uma janela de *Viewport* com o formato poligonal, permitindo, assim, criar legendas e campos extras sem interferir no campo de informações do desenho.

- **Object Viewports**: cria uma janela de *Viewport* com base na seleção de um objeto existente no campo *Layout*.

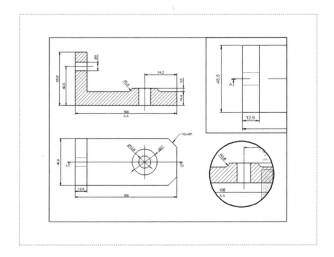

Criação de novas janelas de Viewport – Rectangular

Para a criação correta de uma nova janela de *Viewport* com base em uma geometria retangular, execute os passos a seguir:

1. No menu *Ribbon*, na guia *Layout*, dentro do painel *Layout Viewports*, clique na seta ao lado do comando *Viewports* e ative a opção *Rectangular*.

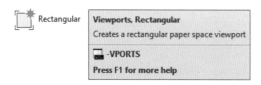

2. Dentro da área de impressão, selecione um ponto de precisão e arraste o mouse até formar uma geometria retangular.
3. Selecione o segundo ponto de precisão.

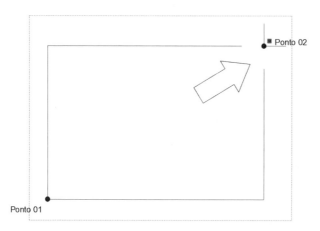

4. Ao clicar, automaticamente o AutoCAD gerará uma nova janela de *Viewport* em seu layout.
5. Caso queira deletar a geometria criada, devido a modificações ou erros ocorridos durante a criação, basta selecionar seu limite e pressionar a tecla *Delete*.
6. Repita as etapas anteriores quantas vezes forem necessárias para a perfeita interpretação do seu projeto.

Exercício

Para ampliar seu conhecimento sobre este assunto, acesse o arquivo "Criação de novas janelas de *Viewport – Polygonal* e *Object*", no material disponibilizado no link informado na página 11.

Ajuste de escala de Viewport – escala de impressão

1. Selecione o contorno da janela de *Viewport* existente em seu *Layout*.

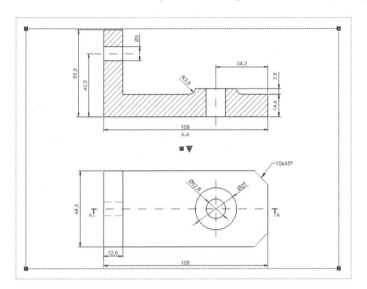

2. Na barra de status (parte inferior do AutoCAD), selecione a seta ao lado do botão *Scale of the selected viewport*.

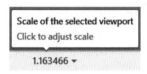

3. Na cascata de opções, escolha entre as opções a escala mais adequada ao seu projeto.

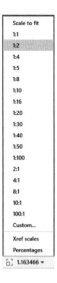

4. Automaticamente, seu projeto será ajustado conforme a escala selecionada e a dimensão da janela de *Viewport*.

5. Você ainda poderá selecionar estas opções:

- **Scale to fit**: ajusta a dimensão do seu desenho conforme a dimensão da janela de *Viewport*; para isso, o AutoCAD executará o comando *Zoom Extend* no campo de visualização. Esse método não garante a precisão após o processo de impressão, pois pode gerar escalas fora das normas e padronizações de projetos.

- **Custom...**: permite criar e modificar padrões de escalas em seu projeto AutoCAD. Caso tenha selecionado a cascata de opções e não tenha encontrado o padrão necessário, habilite a opção *Custom* e o botão *Add*. Então, configure o campo *Name appearing in scale list* com o nome necessário para o novo padrão de escala e, no campo *Scale properties*, preencha com os valores de *Paper* e *Drawing units*, gerando, assim, uma proporção matemática entre a folha e o seu desenho.

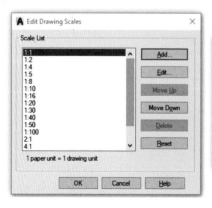 

Criando novo padrão de layout de impressão

Para criar corretamente um padrão de impressão no campo *Layout*, siga estes passos:

1. No menu *Ribbon*, na guia *Layout*, dentro do painel *Layout*, clique no comando *Page Setup*. Você também pode ativar o comando pela linha de comando, digitando "pagesetup" e confirmando com a tecla *Enter*.

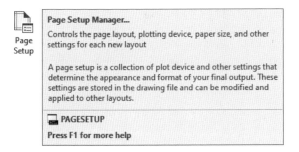

2. A janela *Page Setup Manager* será carregada, permitindo a escolha destas opções:

- **Set Current**: transforma o padrão de impressão selecionado no padrão para a guia *Layout* ativado no momento.
- **New...**: permite criar e configurar um novo padrão de impressão.
- **Modify...**: modifica um padrão de impressão existente.
- **Import...**: importa um padrão de impressão existente em arquivos com extensões *.dwg, *.dwt ou *.dxf.

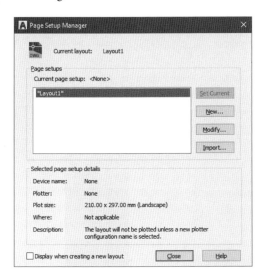

3. Habilitando o botão *New*, a janela *New Page Setup* será carregada, com estas opções:

- **New page setup name:** permite preencher com o nome que deseja utilizar para o novo padrão.
- **Start with:** permite selecionar um padrão modelo, já existente em seu arquivo do AutoCAD, para a criação do novo padrão de layout.

4. Preencha os campos conforme a sua necessidade e clique no botão *OK*.
5. Automaticamente, a janela *Page Setup* será carregada, permitindo, assim, a configuração de tamanho da folha, padrão de escala, cores e acabamento.

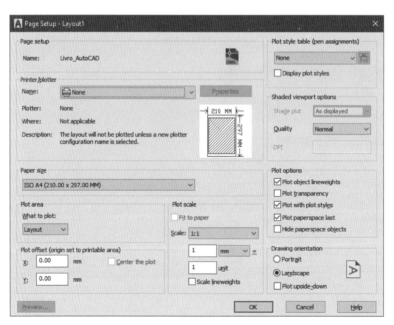

6. No campo *Printer/plotter*, podemos selecionar a impressora ou plotter que executará a impressão do projeto.

7. Selecione a impressora mais adequada. Vale lembrar que podemos executar o processo de impressão com impressoras virtuais, gerando, assim, arquivos nas extensões-padrão, como *.pdf.

8. Selecionando a cascata de opções do campo *Paper size*, o AutoCAD demonstrará as dimensões suportadas pela impressora selecionada.

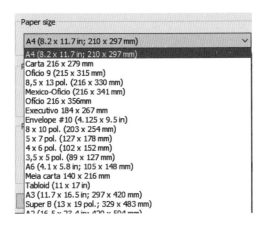

 Nesse caso, pode existir uma limitação física entre o desenho criado e as dimensões aceitas pela impressora. Dessa forma, atente-se a este ponto, e, caso haja necessidade, busque executar a impressão em máquinas conhecidas, como plotters, com recursos mais avançados do que as impressoras de uso doméstico.

9. Caso não encontre a dimensão correta do formato a ser impresso, ao clicar no botão *Properties*, do campo *Printer/plotter*, você poderá criar e configurar as dimensões de um novo formato.

10. No campo *Plot area*, escolha a opção para a seleção da área de impressão:

- **Display**: imprime todos os objetos existentes na área de trabalho do AutoCAD, sem que sejam realizados ajustes de escala ou visualização.

- **Extents**: imprime todos os objetos existentes na área de trabalho do AutoCAD; porém, a escala e a proporção de visualização desses objetos serão ajustadas para adequar da melhor forma possível o tamanho do papel com o tamanho do projeto.

- **Layout**: executa a impressão com base nas configurações do campo *Layout*. Esse método não é recomendado para a utilização no campo de trabalho *Model*.

- **Window**: executa a impressão com base na seleção de uma janela. Consiste na criação de um formato retangular que delimita o espaço a ser impresso. Esse método não é recomendado para a utilização no campo de trabalho *Layout*.

11. No campo de configuração *Plot offset (origin set to printable area)*, podemos ajustar o deslocamento em relação ao ponto 0,0 do campo de trabalho de *Layout*. Nos padrões mais comuns, é mantido o afastamento 0,0, tanto para o eixo X quanto para o eixo Y.

12. Outro campo que tem um fator importante na qualidade de impressão é o *Plot scale*. Nele podemos ajustar a escala de impressão com base no tamanho do papel. Ele apresenta estas opções:

- **Fit to paper:** executa o ajuste de escala com base na dimensão da folha a ser impressa. Este método poderá executar escalas fora da padronização, gerando erros de leitura e interpretação, quando usada a ferramenta escalímetro. Por outro lado, este método é o mais rápido e fácil de ser utilizado, pois não demanda ajustes refinados. Sendo assim, para desenhos com a finalidade de demonstração, sem precisão de escala, essa opção pode ajudar.

- **Scale:** permite escolher qual a escala do papel a ser impresso. Caso esteja utilizando a impressão pelo campo de trabalho *Layout*, selecione a opção *1:1*. Dessa forma, a folha sempre será impressa na dimensão e escala correta dos desenhos, conforme as janelas de *Viewports* configuradas anteriormente.

13. No campo *Plot style table (pen assignments)*, podemos definir o padrão de cores e penas para a impressão do desenho. Ele apresenta estas opções:

- **None:** não utiliza nenhum padrão de impressão pré-configurada, tendo como base para a impressão as configurações existentes no desenho, como *Layers* e *Styles*.

- **Acad.ctb:** permite configurar o padrão de cores existentes no desenho. Esse recurso pode ser utilizado para criar uma padronização específica de um cliente ou projeto. Selecionando esta opção e clicando no ícone *Edit...*, a janela *Plot Style Table Editor – acad.ctb* será carregada, permitindo, assim, configurar todos os padrões de cores com base no padrão de linha, ou até mesmo substituir uma cor por outra no momento da impressão.

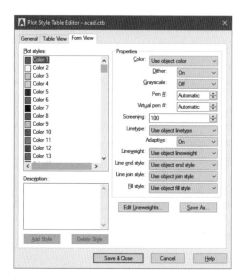

- **DWF Virtual Pens.ctb**: muito semelhante à opção *acad.ctb* vista anteriormente, a opção *DWF Virtual Pens* permite criar uma configuração customizada para as impressões no formato *.dwf.
- **Grayscale**: realiza a impressão em escala de cinza. Assim, tonalidades mais claras terão um tom de cinza mais claro, e tons mais escuros serão representados por linhas mais fortes.
- **Monochrome**: realiza a impressão em preto e branco. Assim, todas as linhas coloridas serão impressas no padrão de preto.
- **Screening 100% a 25%**: realiza impressão colorida, que pode ser em 100%, ou seja, com a tonalidade de cores 100% reais, ou em um padrão mais econômico, com a tonalidade em 25%, no qual a visualização das cores é reduzida para 25% do desenho original.
- **New...**: permite criar um novo padrão de impressão em seu arquivo do AutoCAD, ou criar uma nova configuração, com base em arquivos de importação *.cfg, *.pcp ou *.pcp2.

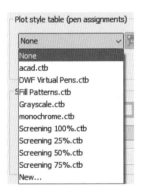

14. No campo de configuração *Shaded viewport options*, podemos definir o nível de qualidade, que pode ir do mais baixo, como um rascunho, ao mais alto, que, neste caso, seria o padrão customizado. As opções são:
- **Draft**: qualidade de rascunho.
- **Preview**: qualidade de visualização.
- **Normal**: qualidade normal.
- **Presentation**: qualidade de apresentação.
- **Maximum**: qualidade máxima.
- **Custom**: permite ajustar a quantidade de DPI na qualidade de impressão.

15. No campo *Plot options*, temos:
- **Plot object lineweights**: imprime os objetos de seu projeto com as espessuras de linhas conforme os padrões de estilos e layers.

- **Plot transparency**: permite a impressão de objetos com o padrão de transparência aplicado.

- **Plot with plot styles**: imprime os objetos com os estilos de impressão pré-configurados em *Layers* e *Styles*.

- **Plot paperspace last**: imprime primeiro os objetos do espaço de impressão, deixando para a sequência a impressão dos objetos contidos no espaço do papel.

- **Hide paperspace objects**: oculta objetos inseridos no espaço do papel. Esta configuração só é possível quando é utilizado o campo *Layout*, não sendo possível utilizá-la no campo *Model*.

16. No campo *Drawing orientation*, podemos ajustar a orientação da folha a ser inserida, que pode ser em retrato, paisagem ou invertida:

- **Portrait**: imprime no padrão retrato.

- **Landscape**: imprime no padrão paisagem.

- **Plot upside-down**: inverte o sentido de impressão, colocando o desenho de ponta-cabeça.

17. Ajuste as configurações conforme a necessidade de seu projeto e confirme no botão *OK*.

18. A janela *Page Setup Manager* aparecerá novamente. Caso deseje utilizar as configurações criadas, selecione o botão *Set Current*, que mudará as dimensões e os padrões de qualidade para o *Layout* selecionado.

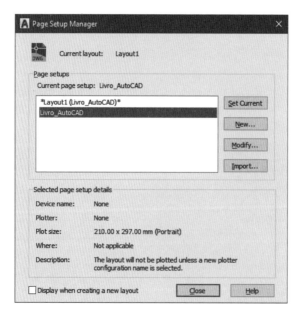

19. Para finalizar, clique no botão *Close* ou pressione a tecla *Esc*.

Exercício

Amplie seu conhecimento sobre este assunto consultando o arquivo "Criando novo padrão de dimensão de folhas", no material disponibilizado no link informado na página 11.

IMPRESSÃO DE DESENHOS – CAMPO DE TRABALHO *LAYOUT*

Para executar a impressão correta de um formato no campo de trabalho *Layout*, siga os passos explicados a seguir:

1. No menu do aplicativo, selecione o grupo de ferramentas *Print* e, na parte superior da cascata de opções, selecione o comando *Plot*.

2. Você também pode ativá-lo utilizando o menu de acesso rápido, clicando no ícone do comando *Plot*.

Impressão do desenho – 263

É muito comum que sejam utilizados atalhos de teclado. Sendo assim, para ativar esse atalho, digite na linha de comando o atalho *Plot* e confirme pressionando a tecla *Enter*. Pelo atalho padrão do sistema operacional Windows, pressione as teclas *Ctrl + P*, ao mesmo tempo, ativando, assim, o comando de impressão.

3. A janela *Plot* será carregada com as configurações de impressão. Lembre-se de que neste módulo estamos utilizando as configurações previamente ajustadas no comando *Page Setup Manager*.

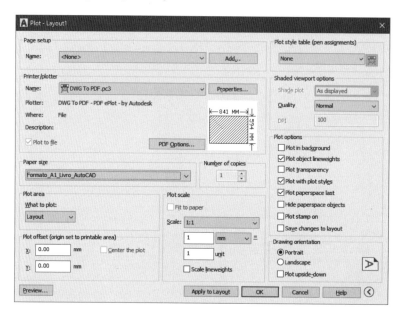

4. No campo *Printer/plotter*, selecione a impressora mais adequada. Vale lembrar que podemos executar o processo de impressão com impressoras virtuais, gerando, assim, arquivos nas extensões-padrão, como *.pdf.

5. Na cascata de opções do campo *Paper size*, selecione a dimensão do formato que será utilizado na impressão.

6. No campo *Plot area*, selecione a opção *Layout*. Dessa forma, será executada a impressão com base nas configurações do campo *Layout*. Esse método não é recomendado para a utilização no campo de trabalho *Model*.

7. No campo de configuração *Plot offset (origin set to printable area)*, podemos ajustar o deslocamento em relação ao ponto 0,0 do campo de trabalho de *Layout*. Nos padrões mais comuns, é mantido o afastamento 0,0, tanto para o eixo X quanto para o eixo Y.

8. No campo *Plot scale*, selecione a opção *1:1*, para imprimir a folha sempre na dimensão correta e a escala dos desenhos conforme as janelas de *Viewports* configuradas anteriormente.

9. No campo *Plot style table (pen assignments)*, selecione o padrão de cores e penas para a impressão do desenho.

10. No campo de configuração *Shaded viewport options*, defina o nível de qualidade, podendo ser do mais baixo, como um rascunho, ao mais alto, que, neste caso, seria o padrão de apresentação.

11. No campo *Drawing orientation*, selecione a orientação da folha a ser utilizada, que pode ser retrato, paisagem ou invertida.

12. Para ter certeza da configuração aplicada, podemos habilitar o botão *Preview...* e verificar como a impressão será realizada. Pressione a tecla *Esc* para retornar à janela de configuração.

13. Para finalizar, após todos os ajustes, clique no botão *OK*.

14. Sua impressora ou plotter começará o processo de impressão.

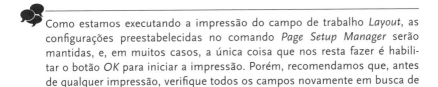

Como estamos executando a impressão do campo de trabalho *Layout*, as configurações preestabelecidas no comando *Page Setup Manager* serão mantidas, e, em muitos casos, a única coisa que nos resta fazer é habilitar o botão *OK* para iniciar a impressão. Porém, recomendamos que, antes de qualquer impressão, verifique todos os campos novamente em busca de ajustes, a fim de evitar desperdício e gastos desnecessários.

Caso queira manter os padrões de impressão utilizados nesse *Layout* para futuras impressões, habilite o botão *Apply to Layout*, salvando, assim, as configurações.

Impressão de desenhos – campo de trabalho *Model*

Para executar a impressão de um formato corretamente no campo de trabalho *Model*, siga os passos a seguir:

1. No menu do aplicativo, selecione o grupo de ferramentas *Print* e, na parte superior da cascata de opções, selecione o comando *Plot*.

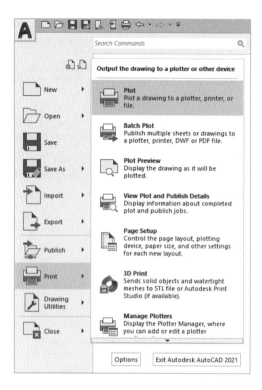

2. Você também pode ativá-lo utilizando o menu de acesso rápido, clicando no ícone do comando *Plot*.

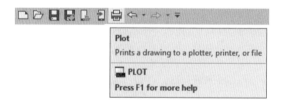

 É muito comum que sejam utilizados atalhos de teclado. Assim, para ativar esse atalho, digite na linha de comando o atalho "Plot" e confirme pressionando a tecla *Enter*. Pelo atalho padrão do sistema operacional Windows, pressione as teclas *Ctrl + P*, ao mesmo tempo, ativando, assim, o comando de impressão.

3. A janela *Plot* será carregada, com as configurações de impressão.

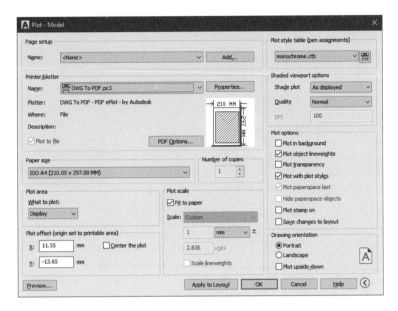

4. No campo *Printer/plotter*, selecione a impressora mais adequada. Vale lembrar que podemos executar o processo de impressão com impressoras virtuais, gerando, assim, arquivos nas extensões-padrão, como *.pdf.

5. Na cascata de opções do campo *Paper size*, selecione a dimensão do formato que será utilizado na impressão.

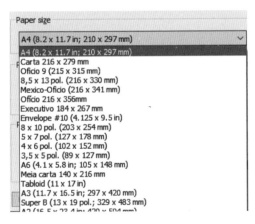

6. No campo *Plot area*, selecione a opção *Window*. Dessa forma, o AutoCAD retornará à área de trabalho, solicitando a seleção de dois pontos de precisão, com a finalidade de formar uma geometria retangular que contemple toda a área de impressão do seu projeto.

7. Com auxílio do cursor do mouse, selecione os dois pontos para a criação da região a ser impressa.

Impressão do desenho – 267

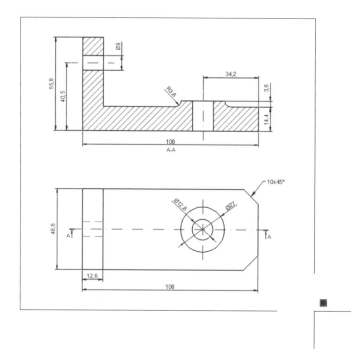

8. Após a seleção do segundo ponto, a janela *Plot* retornará com o campo *Plot area*, indicando a opção *Window* e apresentando um novo botão de configuração, o *Window*.

9. Caso necessite alterar a região de impressão, selecione o botão e, na área de trabalho do AutoCAD, refaça a seleção da região a ser impressa.

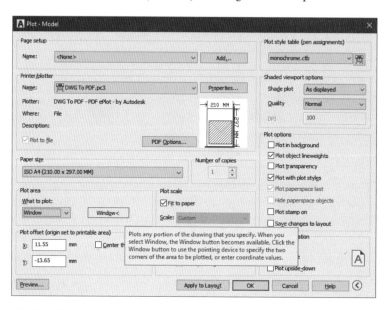

268 – AutoCAD: projetos em 2D e recursos adicionais

10. No campo de configuração *Plot offset (origin set to printable area)*, podemos ajustar o deslocamento em relação ao ponto 0,0 da área de impressão. Para um ajuste mais adequado, selecione a opção *Center the plot*, que permitirá que o próprio AutoCAD corrija e configure a centralização da impressão.

11. No campo *Plot scale*, selecione a escala mais adequada ao seu projeto. Nesse caso, ainda podemos selecionar a opção *Fit to paper*, que ajustará a proporção da escala ao papel e permitirá impressões com proporções de escala não padronizadas.

 Caso selecione uma escala não adequada para a dimensão do papel, no campo de pré-visualização das configurações *Printer/plotter*, serão demonstrados em linhas no tom vermelho os limites que excedem o tamanho da folha.

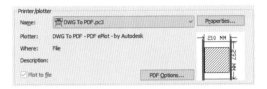

12. No campo *Plot style table (pen assignments)*, podemos definir o padrão de cores e penas para a impressão do desenho.

- **None**: não utiliza nenhum padrão de impressão pré-configurada, tendo como base para a impressão as configurações existentes no desenho, como *Layers* e *Styles*.
- **Acad.ctb**: permite configurar o padrão de cores existentes no desenho. Este recurso pode ser utilizado para criar uma padronização específica de um cliente ou projeto. Selecionando esta opção e clicando no ícone *Edit...*, a janela *Plot Style Table Editor – acad.ctb* será carregada, permitindo, assim, configurar todos os padrões de cores com base no padrão de linha, ou até mesmo substituir uma cor por outra no momento da impressão.

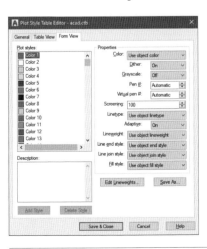

Impressão do desenho – 269

- **DWF Virtual Pens.ctb**: muito semelhante à opção *acad.ctb* vista anteriormente, a opção *DWF Virtual Pens* permite criar uma configuração customizada para as impressões no formato *.dwf.
- **Grayscale**: realiza a impressão em escala de cinza. Assim, tonalidades mais claras terão um tom de cinza mais claro, e tons mais escuros serão representados por linhas mais fortes.
- **Monochrome**: realiza a impressão em preto e branco. Assim, todas as linhas coloridas serão impressas no padrão de preto.
- **Screening 100% a 25%**: realiza impressão colorida, que pode ser em 100%, ou seja, com a tonalidade de cores 100% reais, ou em um padrão mais econômico, com a tonalidade em 25%, no qual a visualização das cores é reduzida para 25% do desenho original.
- **New...**: permite criar um novo padrão de impressão em seu arquivo do AutoCAD, ou criar uma nova configuração, com base em arquivos de importação *.cfg, *.pcp ou *.pcp2.

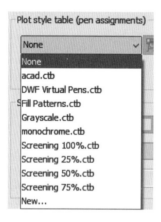

13. No campo de configuração *Shaded viewport options*, podemos definir o nível de qualidade, que pode ir do mais baixo, como um rascunho, ao mais alto, que, neste caso, seria o padrão customizado. As opções são:
- **Draft**: qualidade de rascunho.
- **Preview**: qualidade de visualização.
- **Normal**: qualidade normal.
- **Presentation**: qualidade de apresentação.
- **Maximum**: qualidade máxima.
- **Custom**: permite ajustar a quantidade de DPI na qualidade de impressão

14. No campo *Plot options*, temos:

- **Plot object lineweights**: imprime os objetos de seu projeto com as espessuras de linhas conforme os padrões de estilos e layers.

- **Plot transparency**: permite a impressão de objetos com o padrão de transparência aplicado.

- **Plot with plot styles**: imprime os objetos com os estilos de impressão pré-configurados em *Layers* e *Styles*.

- **Plot paperspace last**: imprime primeiro os objetos do espaço de impressão, deixando para a sequência a impressão dos objetos contidos no espaço do papel.

- **Hide paperspace objects**: oculta objetos inseridos no espaço do papel. Esta configuração só é possível quando é utilizado o campo *Layout*, não sendo possível utilizá-la no campo *Model*.

15. No campo *Drawing orientation*, podemos ajustar a orientação da folha a ser inserida, que pode ser em retrato, paisagem ou invertida:

- **Portrait**: imprime no padrão retrato.

- **Landscape**: imprime no padrão paisagem.

- **Plot upside-down**: inverte o sentido de impressão, colocando o desenho de ponta-cabeça.

16. Para ter certeza da configuração aplicada, podemos habilitar o botão *Preview...* e verificar como a impressão será realizada. Pressione a tecla *Esc* para retornar à janela de configuração.

17. Para finalizar, após todos os ajustes, clique no botão *OK*.

18. Sua impressora ou plotter começará o processo de impressão.

Caso queira manter os padrões de impressão utilizados neste processo, habilite o botão *Apply to Layout*, salvando, assim, as configurações existentes nesta impressão.

Exercício

Para ampliar seu conhecimento sobre o assunto, no material disponibilizado no link informado na página 11, acesse os arquivos "Impressão de desenho – formato *.pdf" e "Exportação de desenho para arquivo *.pdf e para arquivo *.dwf".

Salvando arquivo na nuvem – sistema A360

Atualmente, com a velocidade da informação, o uso de recursos como aparelhos celulares e tablets e o sistema de arquivos na nuvem, a Autodesk implementou a utilização do sistema A360 com seus softwares CAD.

Dessa forma, podemos criar um projeto diretamente no AutoCAD em nosso computador, salvá-lo na nuvem e visualizar e executar pequenas edições em aparelhos que tenham acesso à internet e à conta A360.

A facilidade de verificação e atualização de dados em projetos passou a ter um recurso extra, agilizando nosso dia a dia. Dessa forma, basta utilizar seu AutoCAD logado em sua conta oficial Autodesk e utilizar o comando *Drawing to AutoCAD Web & Mobile*.

Para executar a exportação correta do arquivo *.dwg de seu computador para o sistema A360 na nuvem, realize os passos a seguir:

1. Com o computador conectado ao sistema de internet, faça o login em sua conta A360, clicando na parte superior direita do AutoCAD, na opção *Efetuar login na conta Autodesk*.

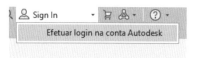

2. Os campos de *Login* e *Senha* serão carregados.

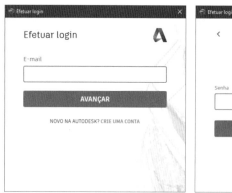

3. Preencha com seus dados e confirme, clicando no botão *Efetuar Login*.

4. Com as informações corretas, a janela *Autodesk - 2 Step Verification* será aberta, solicitando, assim, uma segunda forma de verificação de sua conta além do login e da senha. Isso aumenta a segurança sobre os dados e projetos.

5. Após efetuar o login, no menu do aplicativo, selecione o grupo de ferramentas *Save As* e, na cascata de opções, selecione o comando *Drawing to AutoCAD Web & Mobile*.

6. A janela *Save to AutoCAD Web & Mobile* será carregada.

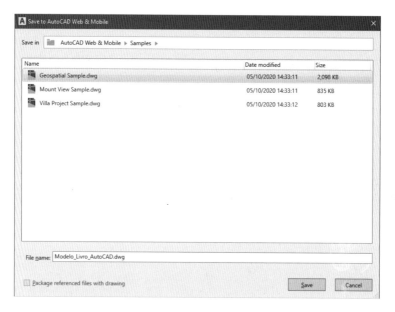

7. No campo *Save in*, podemos selecionar em qual diretório desejamos salvar nosso arquivo.
8. Faça a escolha do diretório em que deseja salvar.
9. Preencha o campo *File name* com o nome com que deseja salvar o arquivo no sistema do A360.
10. Para finalizar, clique no botão *Save*.
11. Automaticamente, o AutoCAD processará o arquivo para a nuvem A360, e, no campo superior direito, será demonstrado como abrir e utilizar o AutoCAD Web.

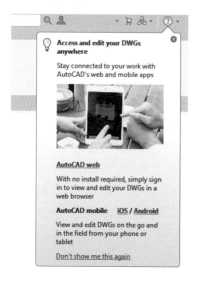

12. Para acessar sua conta no A360 e utilizar o AutoCAD Web, acesse o site https://web.autocad.com.

13. No site Autodesk AutoCAD, faça o login com seus dados. Utilize os mesmos dados de login inseridos no software AutoCAD.

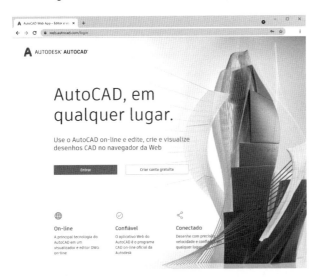

14. No browser de navegação, você terá acesso a todos os arquivos salvos na nuvem, utilizando o sistema do A360.

15. Selecionando o arquivo no navegador da internet, você poderá executar algumas funções, entre elas:

- abrir;
- renomear;
- mover;

- duplicar;
- excluir;
- fazer download.

16. Selecionando a opção *Abrir*, o navegador do seu dispositivo se tornará o AutoCAD Web. Assim, você poderá executar pequenas edições, ajustes rápidos e colocação de informações de texto.

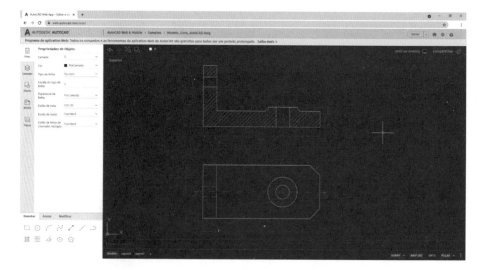

17. No campo lateral *Propriedades de Objeto*, podemos ajustar e escolher itens como layers, blocos e arquivos externos inseridos pelo sistema XRef e até mesmo visualizar comentários de outros desenhistas que estejam compartilhando esse arquivo.

18. Na parte inferior, temos os grupos de ferramentas *Desenhar*, *Anotar* e *Modificar*, que auxiliam na execução rápida de ajustes e melhorias em nosso projeto.

19. Na parte inferior, temos uma representação mais simples da linha de comando, com algumas funções de ajuste e controle, como *Osnap*, *Orto* e *Polar*.

20. Na parte superior da área de trabalho do AutoCAD Web, podemos encontrar algumas funções de visualização e recursos de compartilhamento.

21. Ao clicar no comando *Compartilhar*, podemos gerar um link de compartilhamento. Ao enviar esse link para outra pessoa, você pode escolher se ela poderá apenas visualizar o projeto ou terá a liberdade de editar e salvar uma cópia do material modificado.

22. Selecione entre as opções *Somente exibição* e *Editar e salvar uma cópia* e clique no botão *Copiar link*.

23. O link será copiado para a área de transferência do Windows, e poderá ser copiado facilmente em e-mails, documentos, relatórios, entre outros.

Os recursos de utilização do A360 com o AutoCAD Web são infinitos e, assim, podem dar mais liberdade e autonomia durante o processo de execução e verificação do projeto.

Anotações

Anotações

16

Criação de template

OBJETIVOS
» Aprender a criar um arquivo *.dwt
» Salvar um arquivo *.dwt

Durante todo o seu aprendizado sobre o software AutoCAD, você aprendeu a executar diversas configurações, edições, criações de estilos, criações de blocos customizados com atributos, entre outros recursos.

Neste ponto, gostaria de dar os meus profundos parabéns, por toda essa garra e pela dedicação no tempo em que passamos juntos neste livro.

Porém, ainda há um recurso que poderá ajudá-lo em seu dia a dia de projeto, que é a criação de um arquivo *.dwt, ou seja, um arquivo template com todas as configurações que você executou.

Assim, caso precise começar um novo projeto, você poderá selecionar esse arquivo, que apresentará as configurações pré-carregadas.

SALVANDO UM ARQUIVO *.DWT

1. No menu do aplicativo, selecione o grupo de ferramentas *Save As* e, na cascata de opções, selecione o comando *Drawing Template*.

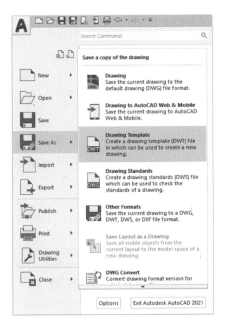

2. A janela *Save Drawing As* será carregada na pasta padrão do AutoCAD, que é o diretório *Template*.

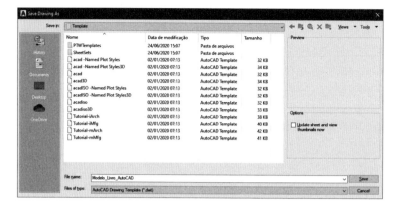

3. Caso haja necessidade, no campo *Save in*, selecione o diretório de sua escolha.

 Vale lembrar que é prudente salvar na pasta *Template* do AutoCAD o arquivo *.dwt e, ao mesmo tempo, executar uma cópia de segurança em uma pasta de sua preferência. Dessa forma, caso o AutoCAD seja desinstalado por algum motivo, você terá os padrões salvos em um diretório externo ao programa.

4. No campo *File name*, informe o nome do arquivo *.dwt que deseja salvar.
5. Clique no botão *Save*.
6. Automaticamente, a janela *Template Options* será carregada, com estas opções:

- **Description**: campo de descrição que mostra informações e detalhes do arquivo *.dwt. Preencha este campo com os dados importantes.
- **Measurement**: permite selecionar qual sistema de medidas será utilizado. As opções são *English* e *Metric*.
- **New Layer Notification**:
  - *Save all layers as unreconciled*: salva o arquivo *.dwt com os *Layers* como não reconciliados, o que não resulta na criação de uma linha de base do layer.
  - *Save all layers as reconciled*: salva o arquivo *.dwt com os *Layers* como reconciliados, o que resulta na criação de uma linha de base do layer.

284 – AutoCAD: projetos em 2D e recursos adicionais

7. Para finalizar, clique no botão *OK*.

Após a criação do seu arquivo template *.dwt, com todos os padrões de configurações e customizações salvos ao ativar o comando *New*, será carregada a janela *Select template*, apresentando como opção o modelo que foi salvo.

Dessa forma, você ganhará tempo e produtividade em seu dia a dia de projeto.

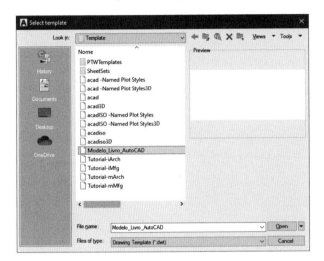

Anotações

Sobre o autor

Daniel de Morais Severino é Autodesk Certified Professional e colaborador MFG da Comunidade Autodesk Brasil, com vários prêmios relacionados à criação de conteúdo Autodesk Brasil. Detém títulos como Expert Elite, Student Ambassador e Certified Professional Inventor pela Autodesk. É sócio-fundador da MSCAD, empresa voltada a projetos de engenharia mecânica e civil e de arquitetura. Na área de educação, além de livros publicados, mantém um canal no YouTube no qual ensina sobre AutoCAD, Inventor, Revit e Fusion 360. Por essa contribuição, foi agraciado com o prêmio Botão de Prata do YouTube.

Índice geral

Acesso aos comandos pelo menu *Ribbon* 29

Ajuste de escala de *Viewport* – escala de impressão 255

Alterando o aspecto de exibição do menu *Ribbon* 30

Apresentação 9

Atalhos de teclado 32

Atalhos de teclado – de *A* a *Z* 32

Atalhos de teclado – funções *Ctrl* + 35

Atalhos de teclado – funções *F1* a *F12* 35

Ativando a opção *Autosnap* 64

Ativando a opção *Dynmode* 69

Ativando a opção *Osnap* 57

Ativando a opção *Polar* 66

Blocos 193

Botão scroll 37

Close (fechando um arquivo) 27

Comando *Arc* 96

Comando *Arc – 3-Point* 97

Comando *Arc – Start, Center, Angle* 99

Comando *Arc – Start, Center, End* 98

Comando *Arc – Start, Center, Length* 100

Comando *Arc – Start, End, Direction* 102

Comando *Arc Aligned* 205

Comando *Array* 135

Comando *Attach* – imagens 213

Comando *Break-line Symbol* 207

Comando *Chamfer* 130

Comando *Chamfer – Angle* 132

Comando *Chamfer – Distance* 130

Comando *Circle* 93

Comando *Circle – 2-Point* 94

Comando *Circle – Center, Diameter* 94

Comando *Circle – Center, Radius* 93

Comando *Copy* 117

Comando *Ellipse* 108

Comando *Ellipse – Center* 109

Comando *Erase* 134

Comando *Explode* 134

Comando *Extend* 124

Comando *Fillet* 127

Comando *Hatch* 85

Comando *Layers* 183

Comando *Layers* – criação e configuração 184

Comando *Layers* – escolha e edição 188

Comando *Layers – ON/OFF* 189

Comando *Line* 77

Comando *Line* – opção *Close* 78

Comando *Line* – opção *Undo* 77

Comando *Move* 120

Comando *Offset* 125

Comando *OLE Object* 215

Comando *OLE Object – Criar do arquivo* 217

Comando *OLE Object – Criar novo* 216

Comando *OLE Object* – criar tabela de Excel 218

Comando *Polygon* 106

Comando *Polygon Circumscribed* 108

Comando *Polygon Inscribed* 107

Comando *Polyline* 79

Comando *Polyline* – opção *Arc* 80

Comando *Polyline* – opção *Close* 81

Comando *Polyline* – opções e configurações de criação 80

Comando *Rectangle* 103

Comando *Rectangle – Chamfer* 104

Comando *Rectangle – Fillet* 105

Comando *Revision Cloud* 84

Comando *Revision Cloud – Rectangular* 84

Comando *Spline* 81

Comando *Spline – Spline CV* 83

Comando *Spline – Spline Fit* 82

Comando *Super Hatch* 206

Comando *Table* – criação de tabelas 229

Comando *Table* – criação de tabelas no AutoCAD a partir do Excel 232

Comando *Text Edit (TEDIT)* 148

Comando *Trim* 122

Comando *XRef* – edição de arquivos externos 223

Comando *XRef* – exclusão de arquivos externos 224

Comando *XRef* – remoção, localização e substituição de caminho dos arquivos externos 224

Comando *XRef* – vínculo entre arquivos AutoCAD 219

Comandos de configuração e customização 181

Comandos de edição 113

Comandos de edição avançados 203

Comandos de figuras geométricas planas 91

Comandos de inserção 211

Comandos de tabelas 227

Comandos para a criação de objetos 75

Conceitos de planos isométricos (*Top*, *Left* e *Right*) 239

Configuração da folha e layout de impressão 249

Configuração de visualização do *Viewport* 251

Configurando *Dynmode* pela janela de configuração *Drafting Settings* 69

Configurando estilo de cota – criando novo padrão 156

Configurando estilo de cota – *Dimension Style Manager* 153

Configurando estilo de texto 141

Configurando *Osnap* pela barra de status 57

Configurando *Osnap* pela janela de configuração *Drafting Settings* 58

Configurando *Osnap* pelo botão direito do mouse 59

Configurando *Polar* pela barra de status 67

Configurando *Polar* pela janela de configuração *Drafting Settings* 67

Conhecendo o programa 15

Coordenadas absolutas 45

Coordenadas polares 50

Coordenadas relativas 48

Cotas alinhadas – *Aligned* 174

Cotas angulares – *Angle* 172

Cotas de diâmetro – *Diameter* 171

Cotas de raio – *Radius* 169

Cotas lineares – *Linear* 167

Cotas *Multileader* 177

Criação de blocos no projeto 195

Criação de elipses isométricas 243

Criação de novas janelas de *Viewport* 253

Criação de novas janelas de *Viewport* – *Rectangular* 254

Criação de objetos – ferramentas de precisão 55

Criação de template 281

Criação de texto – *Multiline Text* 144

Criando novo padrão de layout de impressão 257

Desenhando linhas isométricas 242

Desenho isométrico 237

Equipamento necessário 11

Escolhendo o arquivo template *.dwg – *Get Started* 19

Escolhendo o arquivo template *.dwg – menu de acesso rápido 20

Escolhendo o arquivo template *.dwg – menu do aplicativo 19

Exemplo de utilização do recurso *Autosnap* 65

Extensão *.dwg 18

Ferramenta *Autosnap* (*Object Snap Tracking*) 64

Ferramenta *Dynmode* 69

Ferramenta *Osnap* (*Object Snap*) 57

Ferramenta *Polar Tracking* 66

Formato *Crosshair* 40

Formato *Crosshair PickPoint* 41

Formato do cursor do mouse 40

Formato *PickBox* 41

Habilitando a opção de desenhos isométricos 239

Imagem externa para AutoCAD 213

Impressão de desenhos – campo de trabalho *Layout* 263

Impressão de desenhos – campo de trabalho *Model* 265

Impressão do desenho 247

Informações no projeto – cotas 151

Informações no projeto – textos 139

Inserção de blocos no projeto 197

Interface de trabalho do AutoCAD 20

Interface inicial do AutoCAD 17

Interface *Start Create* 17

Interface *Start Learn* 18

Linha de comando 32

O que é a Série Informática 11

Open (abrindo um arquivo) 26

Painel de comandos de visualização 37

Primeiro método 240

Requisitos adicionais para grandes conjuntos de dados, nuvens de pontos e modelagem 3D 13

Salvando arquivo na nuvem – sistema A360 271

Salvando um arquivo *.dwt 283

Save (salvando um novo arquivo) 23

Save As (salvando uma cópia do arquivo) 24

Segundo método 240

Seleção de objetos 115

Seleção em janela 116

Seleção individual 115

Seleção por interseção 116

Sistema macOS 293

Sistema *Save, Save As, Open, Close* 22

Sistemas de coordenadas 43

Sobre o autor 287

Tipos de snaps de precisão e suas funções 60

Visualização do desenho bidimensional 36

Visualização do desenho bidimensional – comando *Pan* 36

Visualização do desenho bidimensional – comando *Zoom* 38

Windows 11